まんがと図解でわかる

介護保険

申請・認定・利用の方法

はじめに

介護保険制度がはじまりました。

「しくみや、料金のことがわからない。」

「だれに相談したらいいのか。」　と、お困りの方に、

読んで、楽しく介護保険を使いこなすため、本書を贈ります。

老いていく3人の姉妹や義母を看取るみどりさんに、

ご自分を重ね合わせてお読みください。

幸せに暮らすために…………………。

介護保険や福祉サービスを利用するコツを身につけましょう。

よい施設を選ぶためのチェックリストは、必読です。

サービスやサービス提供の事業者を選ぶ際にもお使いください。

「自分はこうしてほしい」「こんな生活イヤ」という思いを

言葉にして伝えるお手伝いをする資料です。

自分の快適基準を作って老後に備えましょう。

青木　菜知子

註：法律制定後、さまざまな手直しがありました。
1号被保険者（６５歳以上）の保険料は１０月まで徴収されず、
その後1年間は半分になります。
また、4月1日以前にホームヘルパーを利用していた要介護者は
通常1割の負担が３%になります。
その他の変更も含めマンガでは、これらに影響されない基本的な
内容で解説しています。

目次

マンガと図解でわかる介護保険

登場人物の一覧

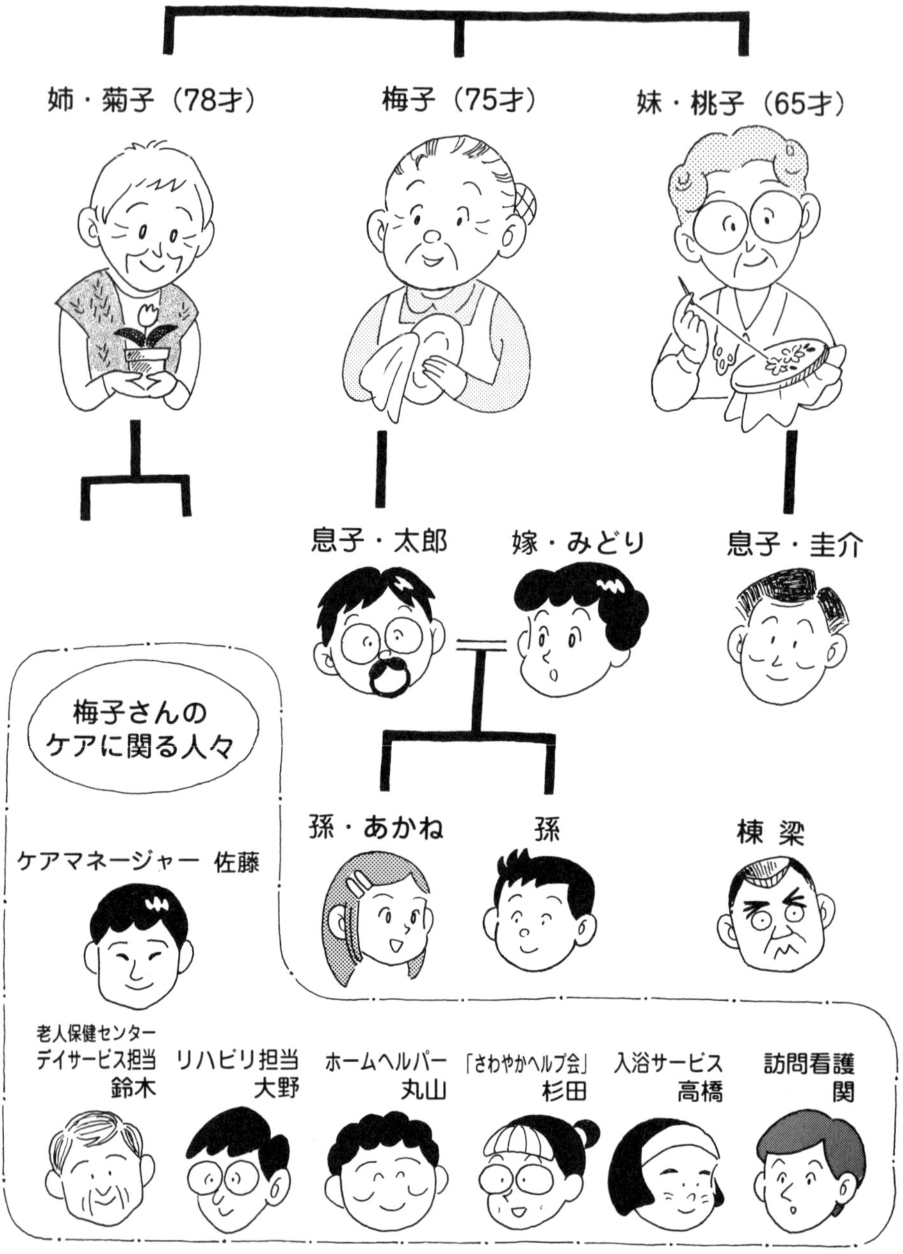

介護保険ってなんだ？

特別養護老人ホーム
福寿苑

体の具合も人それぞれみたいね。
菊姉ちゃん、最近どうなの？

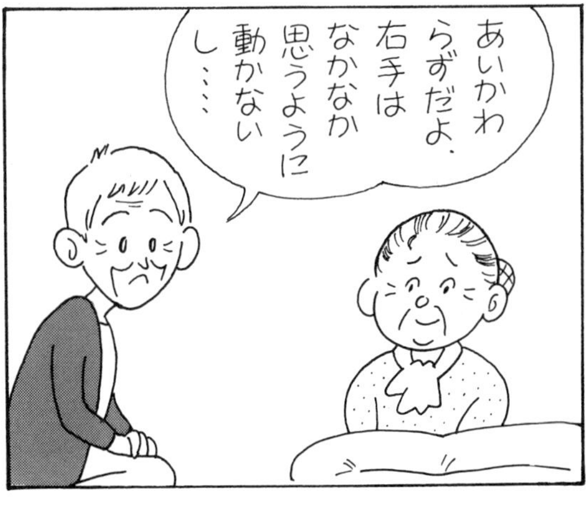
あいかわらずだよ。右手はなかなか思うように動かないし…

右の足もまだひきずれるしね.
でもまあ、ひっくりかえった当座よりゃだいぶよくなったよ.
あんたたちゃどうなの？
ま、あたしは今んとここれといっては…
いいねェ桃ちゃんは…あたしは何だか近ごろ疲れっぽくてさ.血圧もちょっとね…
ヨメのみどりさんがパートに行ってる日中、掃除やら洗タクやらするんだけど、
最近はそれがちょっとしんどくなってきちゃってさ.
いい加減みどりさんにウチにいてもらって、もう少しのんびりしたいんだけど、なーんかおカネがない、おカネがないってさァ…
しょうがないわよ.子どもたち、これから一番学費もかかる時期でしょ.みどりさんサバサバしたいいお嫁さんだし、家族と暮せる梅姉ちゃん幸せよ.

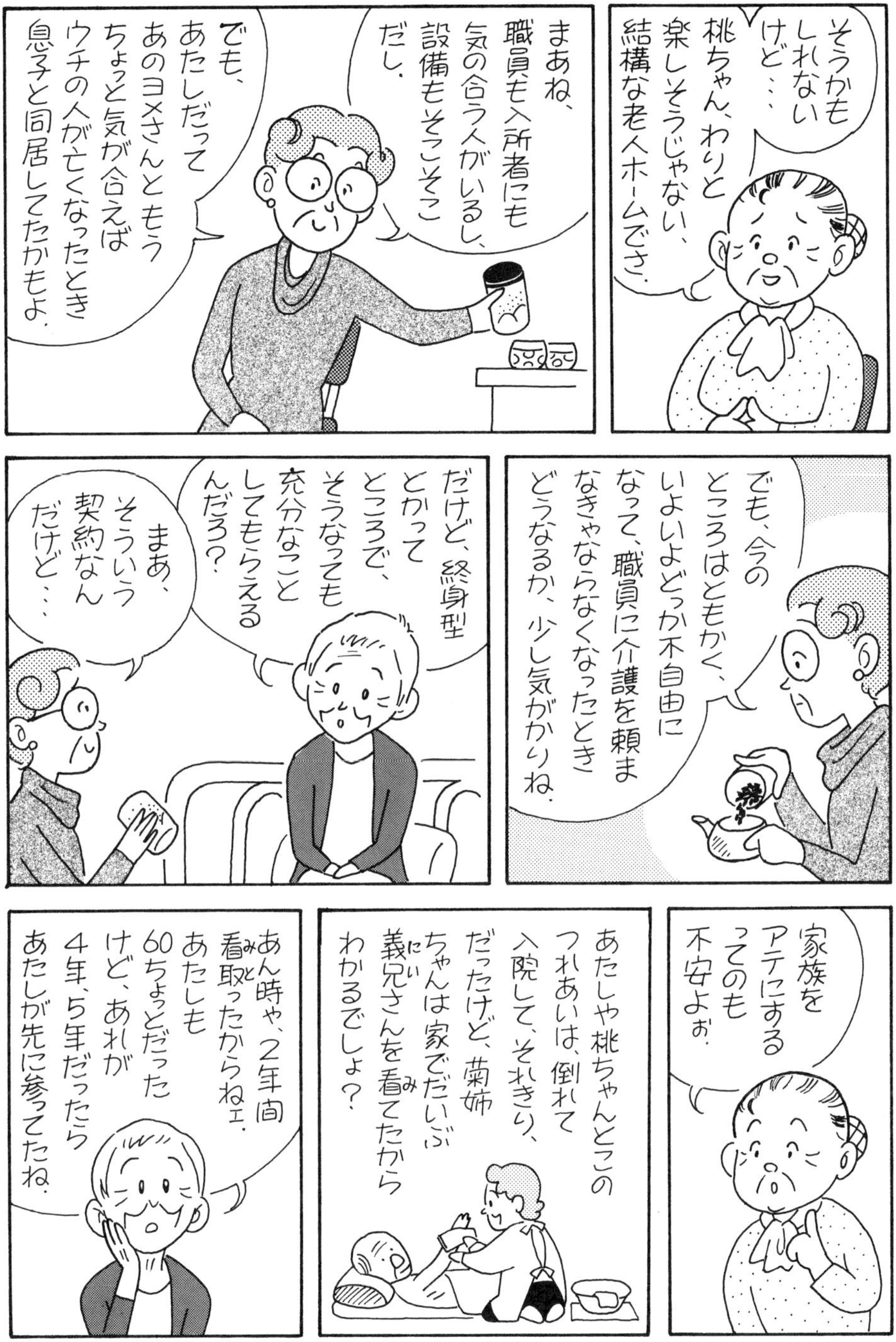
そうかもしれないけど・・・桃ちゃん、わりと楽しそうじゃない、結構な老人ホームでさ。
まあね、職員も入所者にも気の合う人がいるし、設備もそこそこだし、
でも、あたしだってあのヨメさんともうちょっと気が合えばウチの人が亡くなったとき息子と同居してたかもよ。
でも、今のところはともかく、いよいよどっか不自由になって、職員に介護を頼まなきゃならなくなったときどうなるか、少し気がかりね。
だけど、終身型とかってところで、そうなっても充分なことしてもらえるんだろ？
まあ、そういう契約なんだけど・・・
家族をアテにするってのも不安よぉ。
あたしゃ桃ちゃんとこのつれあいは、倒れて入院して、それきり、だったけど、菊姉ちゃんは家でだいぶ義兄《にい》さんを看《み》てたからわかるでしょ？
あん時ゃ、2年間看取《みと》ったからねェ。あたしも60ちょっとだったけど、あれが4年、5年だったらあたしが先に参ってたね。

うちでもみどりさんがね、もし、お義母《かあ》さんに倒れられたら、公的援助に頼るしかないっていうのよ.
あっはっはあの人、そういうことハッキリいうわね.
それでね、この前みどりさんと町会の介護保険の説明会ってのにも行ったのよ.
ああ、介護保険. あたしゃ、あれがどういうもんかまだよくわからないんだけどね.
あたしもよ.
そうねえ、要は、今までの健康保険みたいな制度を介護っていう分野専門に新しくつくる、みたいな…
ほら、これからの高齢化社会で、介護の必要な高齢者もますます増えてくわけでしょ. それをちゃんと保障できる社会制度をもうつくっておかなくちゃってことだわよね.

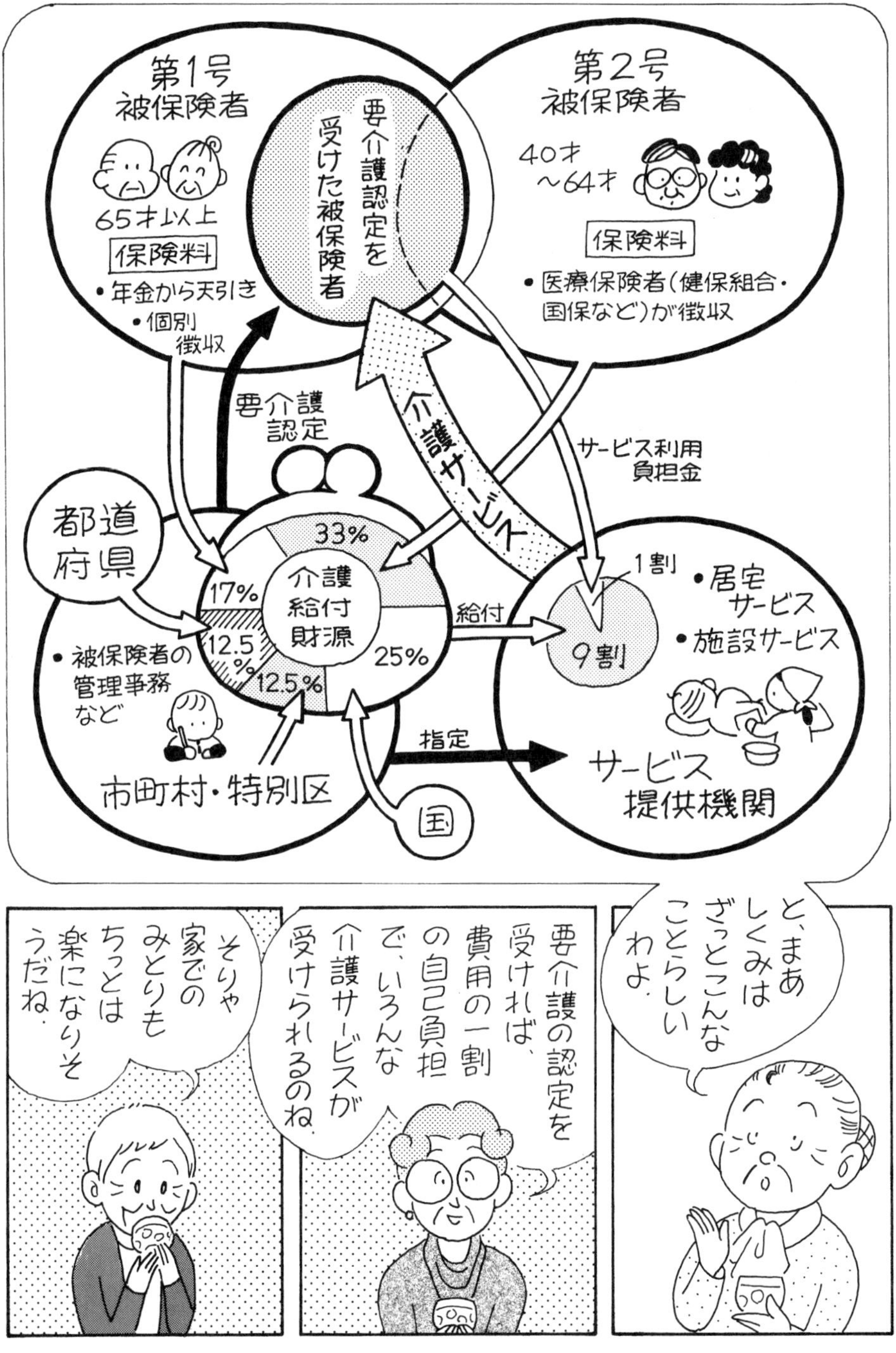

第1号
被保険者
65才以上
保険料
・年金から天引き
・個別徴収
要介護認定を受けた被保険者
第2号
被保険者
40才～64才
保険料
・医療保険者（健保組合・国保など）が徴収
要介護認定
介護サービス
サービス利用負担金
都道府県
33%
17%
介護給付財源
12.5%
12.5%
25%
・被保険者の管理事務など
市町村・特別区
国
給付
指定
1割
9割
・居宅サービス
・施設サービス
サービス提供機関
と、まあしくみはざっとこんなことらしいわよ。
要介護の認定を受ければ、費用の一割の自己負担で、いろんな介護サービスが受けられるのね。
そりゃ家でのみとりもちっとは楽になりそうだね。

梅姉ちゃん、じゃ少しは安心じゃない。みどりさんが働きながらでも、家で養生できるわね。
あたしらもう、こういう施設にお世話になってるから大丈夫だろうけど、実のところあんたのことはちょいと心配だったんだよ。
ねえ。
あら、今までの老人施設にもいろいろ見直しとか、影響はあるみたいよ。
菊姉ちゃんや桃ちゃんだっておいだされることになるかもよ〜
ウン。
あはは…ごめん、おどかしちゃったね。でも、やっぱり多少は関係してくると思うわよ。
まあ、今より悪くなるなんてことにならなきゃ、それでいいんだけどね。
それはだって、そのための介護保険でしょ。少しでもよくなってもらわなくちゃ。
まあ、みんな気をつけて、この先もなるべく元気でいようじゃないのさ。

ジ〜ワ ジ〜ワ ジ〜ワ〜
え〜〜〜っ
梅ちゃんが入院!? え? お風呂上りで倒れた、
ええ、で、今はもう頭の方の病状は落ちついたんだけど…
伯母さんと同じ、右半身がいけなくなっちゃうみたいなの…
じゃあ、まだ当分は入院ってわけね… みどりさん大変じゃない。すまないわねぇ。
ええ、でもパートの方は事情を話したら、しばらくの間は休みをもらえましたから、病院通いも何とかなってます。
梅姉ちゃん…

そして、秋
おばさん、今日はありがと.
いいえぇ、お見舞ぐらいしかできなくってねえ…
お義母さん、やっぱり、おばさんの顔とか見ると、元気でるみたい.
あら、そうだといいけど…
でもね、あたしちょっとショックなのよ. 梅姉ちゃん、何だかちょっとボケちゃったところあるでしょ. 同じこと何度もくり返し言うし…
家へ帰りたいってずいぶん言ってたけど、あんな子どものわがままみたいな言い方する人じゃなかったのに…
そう…あたしもそれが一番気になってるの.
実際、今のあの状態の姉ちゃんをすぐにも家に帰すったって、みどりさん、困っちまうわよねえ.
ええ、まあ…

でも、今日この後主治医とケースワーカーに会うんです。退院の見通しとかについて聞くことになってるの。
あら、そうなの。
病院前
で、介護保険の適用とか、退院後のケアのことも話をしてくれるらしいんだけど・・・
介護保険っていえば、あたしの老人ホームでも、こないだ事務長から説明があったのよ。
まあ、どういうこと？
院前
何だかよくわからなかったから、今度息子に来てもらって、もう一度事務長に話をきくことにしたの。
う〜ん、何だかどこも大変ねえ・・・
あ、きたわ。
じゃ、おばさん、気をつけて。
みどりさんもがんばって。また連絡ちょうだいね。

家で介護 さあどうする！

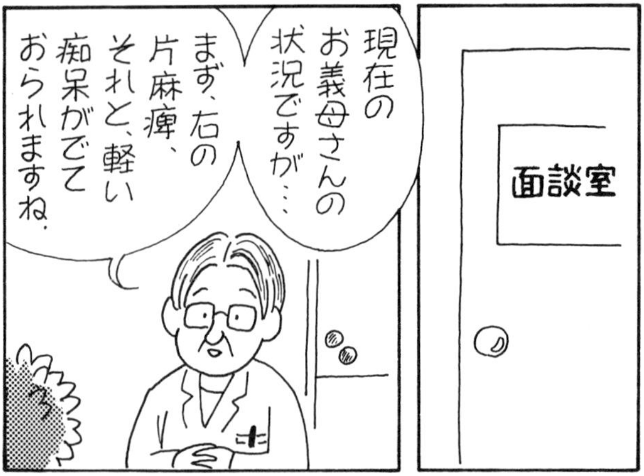
面談室
現在のお義母さんの状況ですが……
まず、右の片麻痺、それと、軽い痴呆がでておられますね。

今後の治療としては、投薬で血圧のコントロールをしていくことになりますが、
ご本人に帰宅の希望が強いですし、近々退院、自宅療養の方向をお考え頂きたいのです。
その場合、日常生活のかなりの部分で介助が必要ですし、機能回復のためのリハビリも続けられるよう、ご家庭の努力をお願いしなければなりません。
先生、でも正直に申しまして、今の家では、あの状態の義母を帰宅させるのは難しいんです。家族にとって死活問題なんです。
住宅面や経済的な問題で、難しいと思われる事情がいろいろおありでしょうが、梅子さんの現状ですと、介護保険の適用が受けられます……

いろいろな在宅介護支援や施設紹介など、具体的な方策を検討できるはずですので、市役所の担当窓口に相談なさってみて下さい。
……ってことだったんだけど、
だいたいこの家が古いし、和風の造りだし、介護が必要な人の生活向きじゃないのよ。
まず、玄関からして、車イスじゃ出入りできないしな…。
それに何より、誰がお義母さんをみるのよ。あたしはとてもパートをやめるわけにいかないわ。
あかねは来春大学受験だし、太一だってまた2年後だもんなぁ…。
それになぁ…。
なによ?

俺、たぶん近いうち転勤になりそうなんだ
なんですっての
どうするの!? 家庭崩壊じゃない!!
ま、ま、ま、落ちついてよ、みどりサン。悪いけど、とにかく明日市役所へ行ってみてよ、ネ。
ま、ご事情はだいたいわかりました。
本当に分かって頂けましたか? 家で引き受けるのは到底ムリなんです! 入所できる病院か施設を紹介してはもらえないんですか!!
お気持はわかりますが、まず順番にご説明しましょう。
お義母さんの現況ですと、介護保険が適用されるものと思われます。介護保険を利用されないと、施設入所にしろ、自宅介護にしろ、すべて自費でまかなうことになってしまいます。
介護保険を受けるにはまず、要介護、つまりこの人にはこういうランクの介護が必要である、という認定を受けなければなりません。

梅子さんの介護保険の被保険者証と要介護認定申請書をなるべく早くこちらの窓口へご提出下さい.
市では申請の受付、認定、給付を行いますが、認定を受けられた方への実際の介護サービスは《介護サービス提供事業者》が行います.
民間の福祉法人などですが、市立の老人保健センターもあります.
こちらがその所在地、電話番号などのリストです.
このいずれかへご相談下さい.申請のことから認定後のケアプランまで全部やってくれます.
はあ…
介護保険課
うーん、市立保健センター、ここへ行ってみようかな…
…というわけで、こちらへ伺ったんです.すぐにも退院って言われてるんです.私は仕事をやめられないし…家の改造も…施設の紹介はしてもらえないんでしょうか!? 介護保険料だってきちんと払ってるんです.何とかなりませんかの
わかりました.どうぞ相談室で詳しくお話ししましょう.

介護保険の利用開始

私、このセンターのケアマネージャーの佐藤と申します.介護保険の要介護認定の申請代行をはじめ、申請者とご相談しながらケアプランをお作りする役割です.

よろしかったら、明日私、梅子さんの病院に伺いますので、その時、私がケアマネージャーとしてお世話する契約書を作りましょう.みどりさん、梅子さんの被保険者証と印鑑をお持ち下さい.

それから、介護保険で利用できるサービスをご存じなければ、センターの中をご案内しながら、説明します.
あ、はい

入所ベッド
特殊入浴室
食堂です.

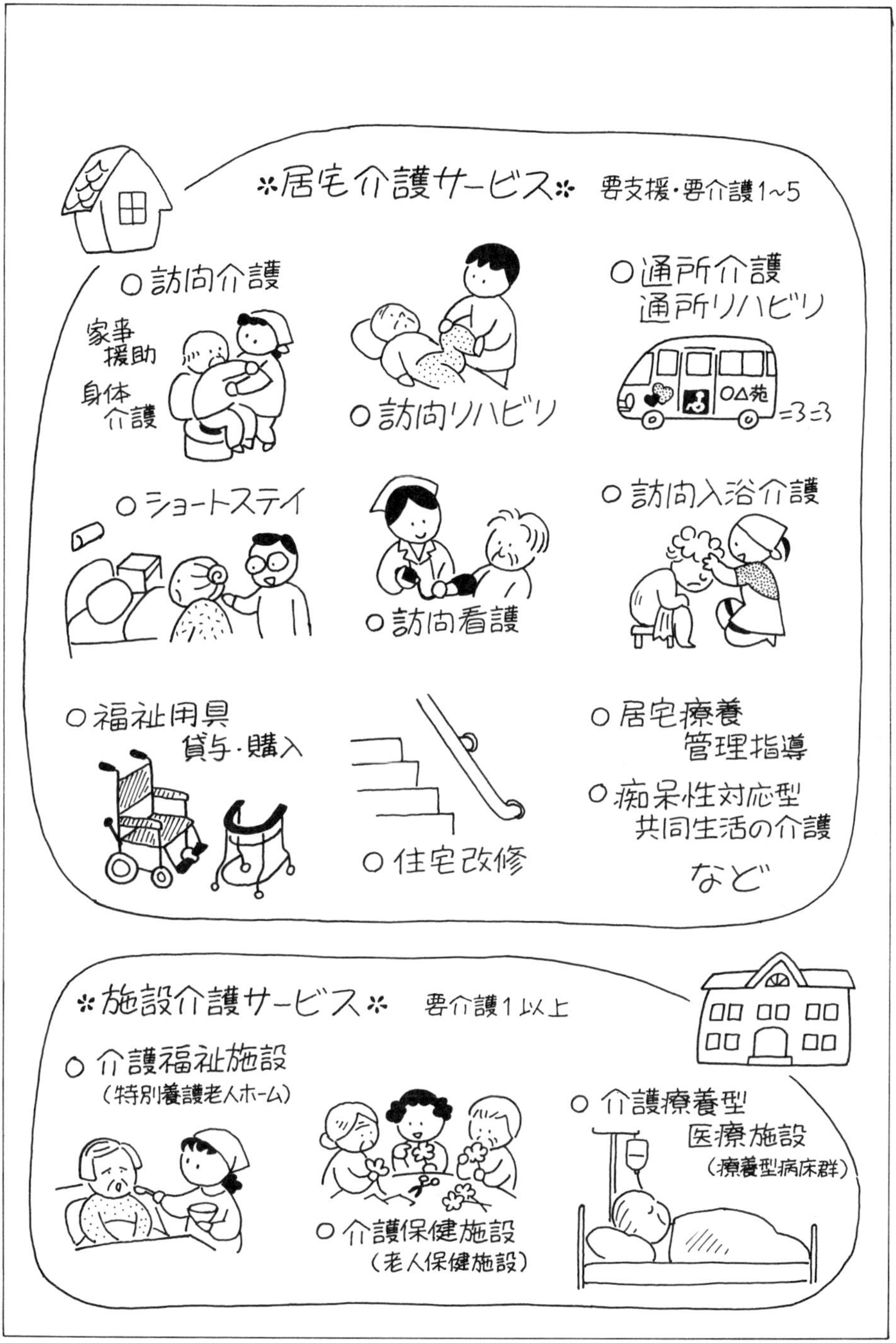

※居宅介護サービス※ 要支援・要介護1~5
○訪問介護
家事援助
身体介護
○訪問リハビリ
○通所介護
通所リハビリ
○△苑
○ショートステイ
○訪問看護
○訪問入浴介護
○福祉用具
貸与・購入
○住宅改修
○居宅療養
管理指導
○痴呆性対応型
共同生活の介護
など
※施設介護サービス※ 要介護1以上
○介護福祉施設
(特別養護老人ホーム)
○介護保健施設
(老人保健施設)
○介護療養型
医療施設
(療養型病床群)

リハビリフロアです。
あら！お向いのおじいちゃん、
おや、みどりさん見学かい？
今、週2回ここに通ってるんだよ。
では、相談室へ戻って資料をいろいろお見せしましょう。
在宅用福祉機器のパンフレットです。
安全手すり
こちらは住宅改造のモデルプラン、
それに、ホームヘルパー派遣事業所、提携している特別養護老人ホームの案内書です……
では、明日また病院のほうで……
……でね、センターには結構、設備とか整ってたし、他の事業者と連携もあるし……
う〜ん……しかし、他の事業所も見て決めなくていいのかな？
佐藤さんがとっても感じよかった！

今日見た施設をみんな利用できるわけじゃないんだろ.
入所は、あそこはいっぱいだとは言ってたけど.
…俺、おふくろには病院や施設はかわいそうな気がしてきちゃったんだよな.
それはあたしだって、でも、全部あたしがやらなきゃならないのよ. 転勤の話はどうなのよ?
それが…実は今日、部長に呼ばれて…
えっ、やっぱり!
どうしよう……
どうしようじゃないでしょ※
単身赴任かな…
家の事情を会社に言ったの?
言ったさ、けど課長には僕の家も両親が寝たきりでね、なんて言われてさ、部長は、3年のところを1年でこっちへ戻すからって…
なに?どうかしたの?
……

では、梅子さん、これからよろしくお願いします。
はあい、早く家へ帰して下さいな。
佐藤さん、こちら義母《はは》の被保険者証です。
確認させていただきました。
では、お預りして認定の申請をします。申請すると調査員が調査に参ります。
えっ、ヘルパーさんはすぐは来てくれないの？
ちょっとご説明しますね、この図を見て下さい。
今、梅子さんは、①番の「要介護認定の申請」の段階です。
次が②番の「調査員による調査」
それから、⑤番の「認定審査会」で、どの程度介護保険が使えるのかを審査して決定します。
サービスは、その結論が出てから、私がご本人や家族の方と相談して計画をたてます。それが⑧番の「ケアプランの作成」です。

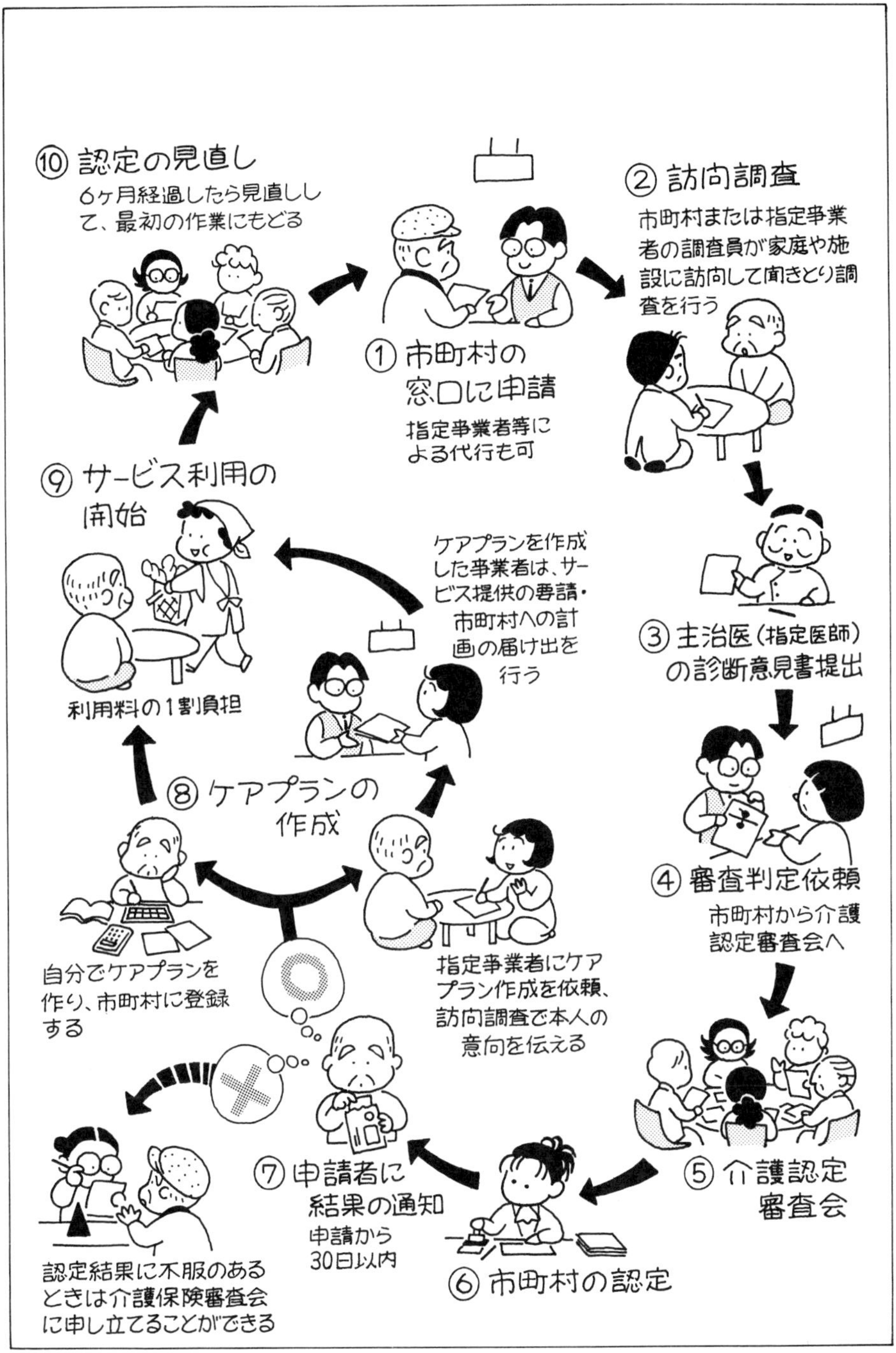
① 市町村の窓口に申請
指定事業者等による代行も可
② 訪問調査
市町村または指定事業者の調査員が家庭や施設に訪問して聞きとり調査を行う
③ 主治医（指定医師）の診断意見書提出
④ 審査判定依頼
市町村から介護認定審査会へ
⑤ 介護認定審査会
⑥ 市町村の認定
⑦ 申請者に結果の通知
申請から30日以内
認定結果に不服のあるときは介護保険審査会に申し立てることができる
⑧ ケアプランの作成
自分でケアプランを作り、市町村に登録する
指定事業者にケアプラン作成を依頼、訪問調査で本人の意向を伝える
ケアプランを作成した事業者は、サービス提供の要請・市町村への計画の届け出を行う
⑨ サービス利用の開始
利用料の1割負担
⑩ 認定の見直し
6ヶ月経過したら見直しして、最初の作業にもどる

じゃあ、サービスはいつから？
3週間以内に結論は出ます。
だって、今日中に退院って言われてるんです。お義母さん帰ってきちゃう!!
ウチ、見て下さい。ベッドやお風呂だってどうしたら……
ねえ、他の病院を紹介して下さい。老人ホームでもいいです。
みどりさん、残念ですが、この近くの病院も施設もいっぱいなんです。家の改造にも手だてはありますし、私もご一緒に考えていきますから、頑張って当面ご自宅で介護していきましょう。
とりあえず、私はこれから申請書を出してきます。午後、ご自宅に伺いますのでまたご相談しましょう。
はあ、どうなっちゃうのかナ……

住宅改造も保険を使う

申請は出してきました．
お世話様でした．早速ですが，家の中を見てみて下さい．
たしかに改造は必要ですね．
介護保険で改造費が出ますから，先に改造を始められたらいかがかしら．
えっ，でも，認定に3週間かかるんじゃ…．
住宅改造は，申請後ですし，私が必要と認めるという書類を出せば始められます．ただし上限20万円ですからよく考えて…．見積りをお願いできる業者さんはおいでですか？
この家をつくってくれた棟梁がいますけど，ほんとに今からやっていいんですか？
はい．
近頃多いやね，こういうご注文．

梅さんは車イスかな？
外に出る時はね、先生は片麻痺っていってたわ。ベッドがいいわよね。
便所には手すりがいるね。
お風呂場も見てくれる？
ちょっとお見舞がてら病院で梅さんに会ってくるか。ついでにリハビリの先生の話もきいてくるよ。
すいません、棟梁
梅さん、元気そうだね。
まあ、わざわざ、棟梁すみませんねぇ
もうすぐ家へ帰れるんだってね。
トイレは洋式で、右足の感覚が無いようで、右手の握る力も弱いので手すりと体を支える工夫が必要ですね。
風呂はどうしましょうかね。

風呂場まで行ければ、洗いイスに座って、浴槽は深いんですか？
いや、浴槽のふちが高いし、洗い場がすのこなのでね……
それと、右がご不自由なので、左から入れるようにしていただきたいんです。
おかげさんでようすがわかりましたので、考えてみます。
じゃ、梅さん失礼しますよ。
ありがとうございました、棟梁。
さぁてと…
玄関、廊下、便所、風呂場、梅さんの部屋…これ全部20万じゃあげられないわな。
玄関は、取りはずしのできるスロープを作るか。
梅子
台所
玄関
茶の間
太郎
みどり
便所はと…入口を引き戸にして、手すりを両側に、背がもたれられるよう、手洗いなしの水槽に変更と…
風呂場が難問だな。
台所
太郎
みどり
玄関
梅子
梅さんの部屋は便所のそばに移ってもらえば、廊下の手すりは短くてすむな。

…と、まあこんな具合に考えちゃみたんですが…
ダンナ、お母さんのつもりでちょいとそこへ。
右手足がダメならこうか。
ちがうわよ、こうでしょ。
ここに腰掛けを作っちゃどうかと…
こうやって座って、腰をずらすのね。
すのこも少し上げましょう。
入り口が狭くて、お母さんを支えて二人並んでは入れないのよね。
こいつあ、台所と風呂場がいっぱいいっぱいだからね。全面改築しない限り…
それじゃ、出る時入る時は僕も手伝わないとな。
あなた、土、日以外は無理じゃない。転勤でしょ。
よそのお宅じゃ、昼间ヘルパーさんがいる時お風呂を使ったり、入浴サービス事業者を頼んだりしてますよ。

じゃあ棟梁あと手すりをつけていただいて、見積りをお願いします。
へい。
こんなところですがね。
やっぱり20万は越しちゃうよな。
これで精いっぱいなんで……
わかりますよ、すみません、よろしくお願いします。
明日、佐藤さんにも見てもらうわ。
介護保険で出る工事費は内容が決まっていますので、ちょっと見せていただきますね。

やっぱり経験のある業者さんとみえて、改修の内容は保険適用の場所だけですね.
でも、20万では無理ですって
20万を超す部分、は自己負担になってしまうんですよね. 改修費を支払ったら、私に領収書を渡して下さいな. 市役所で手続きをします.
風呂場の入り口はどうにもならないので、入浴は二人がかりなんです. 困ったわ.
入浴サービスの利用とデイサービスでなんとかしましょう. ところで、退院はいつに?
棟梁は今月中には工事を終えると言ってくれましたから、月末に.
明日、認定のための調査員が梅子さんの調査をしますので、病院におこし願えますか?
調査って、どんなことをするんですか?
お話を聞いたり、動作を見たり.
他人の前ではお義母さん、ぼけてないフリするんですよぉ.
ご家族からもお話を聞きますから.

要介護認定の調査員が来る

お義母さん、家に帰る準備で介護保険の調査の方がみえたのよ．
まあ、ご苦労様です．
いくつか質問やお願いを致しますのでどうぞよろしく．

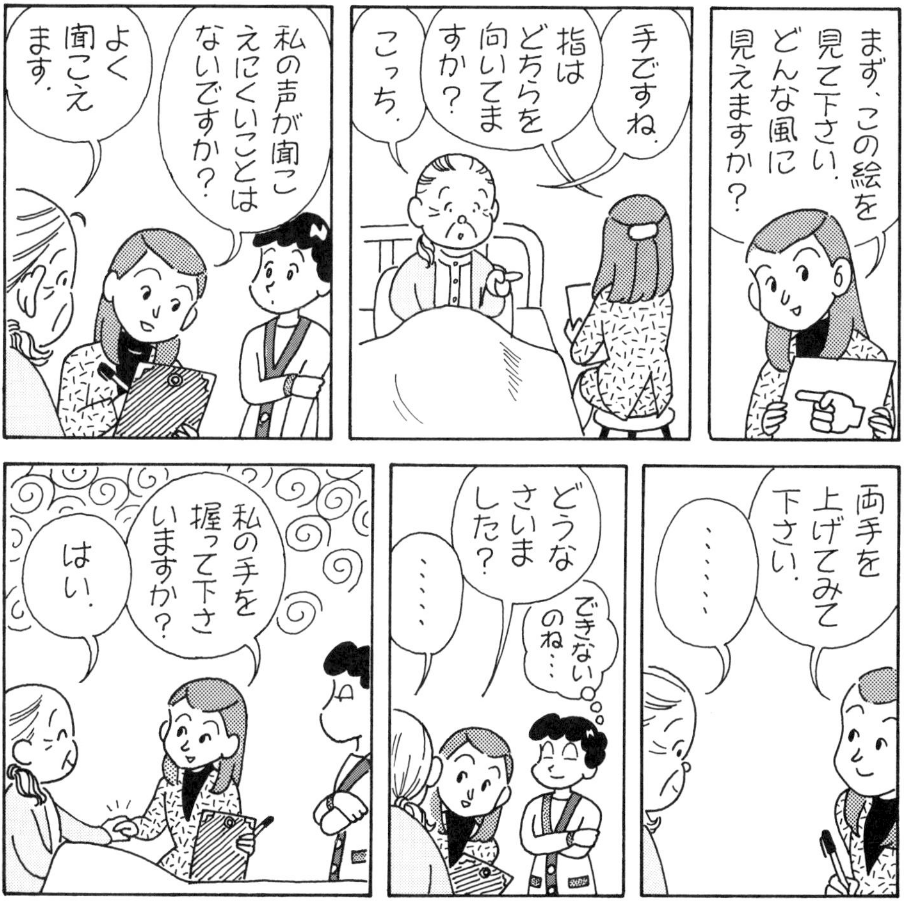
まず、この絵を見て下さい．どんな風に見えますか？
手ですね．
指はどちらを向いてますか？
こっち．
私の声が聞こえにくいことはないですか？
よく聞こえます．
両手を上げてみて下さい．
……
どうなさいました？
……
できないのね…
私の手を握って下さいますか？
はい．

お義母さんたら、できないくせに一人でご飯は食べられるだの、トイレは行けるだの、頭来ちゃう。
昔の人だからな。
冗談じゃないわよ。介護がいらないと思われたらどうするのよ。
きみも聞かれたんだろう？
もちろん、できないことや困ってること、みんな言ったわよ。
そしたら？
軽い痴呆というのはわかってくれたわ。入浴、食事、トイレも介助が必要と認めてたし。
なら、いいじゃないか。年寄りは見栄っぱりなんだから。
要介護度の程度で、もらえるサービスが違うって佐藤さんが言ってたのよ。どうなるか心配だわ。
そんなに違うのか？
よっこら
へー、「自立」だと何にもなしか。
そうよ、これ見てよ。
ヘルパーさんだって「要支援」じゃ家事援助よ。それもほとんど無しも同然。

ふうん…、ありゃ、施設の費用もこんなに違いがあるんだ、軽けりゃ断わられちゃうんだな.
―そして、その月の末
そう、じゃあ昨日無事退院できたんだね、改修も間に合った、そりゃよかったこと.
うん、うん、でもヘルパーさんとかはまだ…、みどりさん、もうしばらくよろしくね.
はあ…、もう、しばらく、ね…
みどりさ〜ん
はーい.
今ね、おばさんたちに電話しといたわ.
ふうん…
みどりさん、いたい、いたい!
あいた!
お義母さん、あたしだって.
何やってんの? 市役所から何か通知来たよ.
認定がおりたわ、お義母さんは要介護3ですって.
そうですか、わかりました、では、これから伺って計画を作るご相談をします.

介護計画に注文をつけよう

一応のプランを持ってきましたので、見て下さい。
この、巡回型介護とは？
短時間ですが、夜中とか早朝に伺って、おむつ交換とか体位の交換などをするヘルパーさんです。

うちは必要ないな。それより、週に5回の訪問介護が1回1時間以内では私は何もできないわ。入浴のことも心配だし。
それでは、巡回訪問介護の代わりに訪問入浴と通所リハを入れましょう。
月2回、病院へ行くときはどうすればいいのかしら？
このプランでよろしければ、近いうちにヘルパー派遣、通所施設、入浴サービスの担当者と細かい打合せをしましょう。

	月	火	水	木	金	土	日
午前	訪問看護	通所介護または通所リハ	訪問介護	訪問介護	通所介護または通所リハ	訪問介護	訪問介護
午後	訪問介護（巡回型）	訪問介護（巡回型）	訪問介護（巡回型）	訪問介護（巡回型）	訪問介護（巡回型）	訪問介護（巡回型）	訪問介護（巡回型）

介護のコツを身につけよう
お義母さん、お昼にしません？
菊姉ちゃんや桃ちゃんはどうしてるのかな.ちょいと電話して遊びに来てもらおうよ.
菊おばさんはなかなかいらっしゃれないわよ.
何で私がこんな病気で寝てるのに来てくれないんだろね.
桃子おばさんは病院に来て下さったじゃない.
あら、そうだったっけ.菊ねえは冷たいね.
体が御不自由で施設暮らしじゃ無理ですよ.
まあ、そう.いつそんなことになってたのかね.
お義母さん、お昼にしましょ.
ちょいとみんなを呼んで、私の快気祝いをしなくちゃね.
わかったわ、電話してみます.お昼を食べましょ.
はい、はい.

じゃあ、茶の間に行きましょ。
あそこまで行くのは、おっくうだね。
先生が、食事はベッドから離れてとりなさいって言ってたでしょ。
どこで食べても、おいしいもんはおいしい。まずいもんはまずい！
おばさんたちに会いたいなら、茶の間にぐらい行けなくちゃね。
何て冷たいヨメだろう。
とにかく、お昼の用意はできてますよ。
しょうがない、その前にお手洗い……
じゃ、ベッドを降りましょ。私の手をつかまえて。
あいたた……痛いよ！
私にしっかりつかまって！
お義母さん、体に力を入れないで！
痛いんだってば
ごめんくださーい

こんにちは。梅子さん、みどりさん、いかがですか。
たすけとくれ
佐藤さん、たすけて。
あら、まあ。
お手洗いに行くのに、毎日こんな思いをするんだよ。
ベッドを離れたがらないんですよ。
梅さんは右側が御不自由ですから介護者はまず右側に寄り添ってください。
こんな感じ？
左手で腰を支えてあげながら、右手で梅さんの左肩をゆっくり引き寄せるように…
そしたら、右足をベッドからたらしてあげて、梅さんは逆らわず、足をベッドのふちに持ってきて。
あらま。

全然力がいらないのね。
それでは、みどりさん梅さんに向き合って左肩を貸してあげて下さい。
こんな簡単に起きられるんだね。
立てたら、歩いてみましょう。
みどりさんは、手すりがお母さんの左側にくるよう誘導してあげて下さい。お母さんが手すりを持ったら、右後ろ側について歩いて…
お手洗いがまた、大変なんだよ。
お手洗いは、便器に向きあって、左手で右側の柵をつかみます。
つかんだら、自然に体を回して座れますよ。
退院のとき教えてもらったのに、すっかり忘れてたわ。
私もだね。
週に2回、通所のリハビリを入れますから、よく練習しましょうね。
痛いのはイヤですよ。
大丈夫ですよ。

左手で食べる練習より、右手で食べられる器具を作りましょうか.
スプーンなら口まで運んでますから、お願いします.
みどりさん、もしよかったら、介護教室へ行ってみませんか. 社会福祉協議会やうちのセンターでもやってるんですけど、ご夫婦で通われてるお宅もありますよ.
まあ、ぜひ行かせてもらいたいわ.
それと、明日サービス担当者会議をしたいんですが. それ以降にホームヘルパーが伺います.
お風呂に入れてもらえるかしら.
初日は打合せかたがた、梅さんとの顔合せということで、入浴サービスは次の日に入れます.
私も、その会議に出るんですか?
ご希望やご質問を伺って、ご相談した計画に同意して頂きます.
ここに来ていただけるの?
はい. 1時ではいかがでしょう?
わかりました. お待ちしてます.

ん〜〜〜、明日は僕、休めないよ．
だって、計画が決まっちゃうのよ．あなたもいてよ．
うまくいかなかったら変更できるんでしょ．
そうはいっても．
とにかく僕はダメだよ．
だったら介護教室は一緒に行ってよ．あと、菊おばさんと桃子おばさんに連絡をとるのは、あなたの役目よ．
介護教室は行かなきゃな．ところで、おばさんたちって何、それ？
おばあちゃん、毎日、菊・桃、菊・桃ってうるさいんだって．
会いたいんですよ、お義母さんが．
だって、菊おばさんは無理でしょ．あなたのご親戚でしょ．ダメならダメで、あなたからお義母さんに言って下さいな．
わかりましたよ．
今、電話して．
なんで、今？
明日また、お義母さんに冷たいヨメだって言われるんですよ．
ハイ、ハイ．

あ、おばさん、お元気ですか。ご無沙汰しています。
こちらこそ。梅姉ちゃんはどう？気になりながらこちらも大変で……
なんとか、みどりもがんばってくれてて、お袋、元気なんですが、おばさんたちに会いたがってて。言いだしたら聞かないもんで、一度お顔を見せていただけませんか。
僕が車でお迎えに行きますから。
あら、うれしい。
菊おばさんはどうでしょうね。
それがね、この間電話があったのよ。心配するからそちらには言わなかったんだけど、あのホームから出されるかもって泣いてたわ。
エーッ!!
いい機会だから会って話を聞いてやらなきゃね。菊姉さんの方は私が施設に外出許可をお願いしますから、二ヶ所お迎えをお願いね。
わかりました。お手数かけます。
こちらこそ。
……だって。
まあ、おばさんたちも大変ね。

こんなサービス知らなきゃ損！
翌日、各サービス担当者が梅子さん宅に集まりました．
ホームヘルパーの丸山です．お手洗いやお食事をとる時の介助などの他、着替え、洗濯、清拭、なんでもおっしゃって下さい．
私は、老人保健センターのデイサービス担当の鈴木です．通所介護、通所リハビリを担当します．ご利用は初めてのようなので、後で説明致します．送迎・お食事・入浴はご希望で受けられます．今日はリハビリ担当の大野も来ております．
大野です．リハビリは病院でも少しなさっていたようですね．お友達もできますし、楽しいですよ．ご希望の回復目標が達成できるよう頑張りましょうね．
後、月に1回ですが、訪問看護が入ります．訪問看護婦の関さんです．
訪問看護で、床ずれや血圧の状態などお世話します．病気でわからないことは聞いて下さい．相談にのります．
私は、入浴サービスの高橋です．週に1回、入浴のお世話にまいります．看護婦さんも一緒ですから、安心して下さい．

それでは、この計画表で検討をお願いします．
佐藤さんにお願いしたとおり、巡回サービスでなく、訪問介護の1回の時間を増やしていただきたいのと、日にちを増やしてほしいんですが．
滞在型のヘルパーはうちはこれで手一杯なんです．他をあたっていただけますでしょうか．
それで、今日は丸山さんの派遣ができないところを『さわやかヘルプ会』にお願いしようと思いまして、会の杉田さんにも来ていただきました．
丸山さんのところご派遣できない水曜日と日曜日の2時間を、私どもで派遣します．
『さわやか』さんはちょっと契約の形が違うので書類が違いますが、サービスはかわりませんから．
よくわかりませんが…
基準該当サービスといって、この市内だけがエリアなんですよ．

チェック！

基準該当サービスってなあに？

◆ 市町村の地域内だけでサービスを提供する、市町村の指定を受けた事業者を「基準該当サービス事業者」といいます。

支払方法が違います。

◆ 通常の指定事業者を利用した時は、利用者が保険料を滞納しているなどの特別な場合を除き、1割の負担です。しかし基準該当サービス事業者を利用すると、まず全額利用者が費用を支払い、市町村に還付請求を行います。そして後で9割の現金が戻ってきます。

◆ 市町村によっては、利用者の負担と手間をはぶくため、通常の指定事業者を利用した場合と同じく最初から1割の支払ですむ方式をとっているところもあります。窓口やケアマネージャーによく聞きましょう。

指定基準が違います。

◆職員の資格や、部屋の広さなど指定事業者の指定基準と若干差があります。地域でボランティア活動から事業所に発展した団体の例が多いので、利用しやすい面もあります。

訪問介護
サービス
着替え
調理
訪問介護
(ホームヘルパー)
清拭
食事介助
排泄
介助
家事援助

通所介護（デイサービス）
短期入所
通所リハビリ
訪問入浴介護
訪問看護

いくらかかるか しっかり確認を

これがサービス計画、契約書の写し、居宅サービス管理票。
へえ、なんだかたいそうだな。
それからこれが費用に説明。各サービスごとに単価と1ケ月の見積り。

こんなにかかるの!? おい、はらえないよ!!
なにいってんのよ。そこじゃなくてここを見るの。
なんだ、一割の負担か。あーっ、びっくりした。
私が全部やって、病気にでもなっちゃうよりは安くつくでしょ。

でもね、君のパートのお金が入らないし、僕が来月から単身赴任だし、あかねは来年受験だろ。結構厳しいよ。
わかってますよ。あなたもお小遣いは半分ね。
そ、そんな。
明日はおばさんたちがみえるのよ。お迎え、よろしくね。
ヘイ、ヘイ。

老人ホームでもいろいろ

梅ちゃん、顔色も良くて、家が一番でしょ。よかったねえ。
ねえさん今日はありがと。病院はもう、こりごり。

いいよねえ、梅ちゃんは。私なんか、やっと老人ホームに入れたってのに今度は出ていくようだよ。私も家に居られりゃねえ。
それはどういうことなの？
追い出されるってホントですか？
追い出すわけじゃない、と園長さんは言うんだけどね。
職員の人がみんなして、『菊さんは元気だから』『介護保険の軽い人だから』って二言目には家へ帰れないか相談しろって言うんだよ。
相談ったって、子どもたちと？

だから、娘は結婚して むこうの両親と暮らし てるし、せがれんとこは 2DKでマン ションだよ. 子ども部屋が ないからグレるなんて 言ってんだからね. ま、 部屋があったって 私ゃ ごめんだけどね.
市役所の人 まで来て、ケア なんとかはどう だとか、ホント に出ていけよ がしなのさ.
私の入ってる 有料老人ホー ムでも、この間 介護保険のことで 一騒動あった のよ.
病院に来て 下さった時、おっしゃっ てましたよね.
今度あのホームも 介護保険の適用を受ける から説明会だとか、契約書 だとか、訳がわからない ので息子を 呼んだのよ. そしたら嫁 さんが、いちいち息子を 呼びつけないでくれって.
あんた、電話する度に 挨拶もそこそこに 『またですか』って、 息子に電話する度、 腹が立つやらくやしいやら.
それにくらべて 梅姉ちゃんは うらやましい わ. みどりさん いいひとで.
そんな ことない ですよ.
そんな ことない ですよぉ.

梅ちゃんはそんなこと言わないの。みどりさんに感謝なさいよ。
そうですかね。
ちょっと、梅姉ちゃんは少しボケてるから、みどりさん、気にしないでね。
それで、桃子おばさん、どうなったの？
そうそう、それでね……
結局、息子もホームに来て、一緒に事務長に話を聞いてくれたんだけどね……
事務長さん、息子の圭介です。
母がいつもお世話になっております。
先日、このホームも介護保険の適用を受けるにあたっての説明があったそうですが、母がよくわからなかったと申しまして……
何だか、お金を返して下さるとか、逆に追加して払うようだとか……
入居の際に払った一時金1千万円と月々の利用料金12万円で、個室の終身利用権と、どんな状態になっても終身介護が保証される、というのが、母の入居時の契約内容だったはずですが……
はい、つまり当ホームでは介護保険の適用を受けると入居者と介護保険双方から二重に介護料金を頂くことになってしまいます。それをどうするか、ということなんですね。

その方法の一つは、介護保険の対象となる部分に相当する金額を、入居時に皆さんからお預りした一時金から返済するというものです．
すると、料金の追加徴収ということはないんですね．
はい、当ホームでは、介護保険の基準より手厚い介護サービスから算出した費用を皆さんにお支払いいただいてますから、そのご心配は…
実は僕、こちらへ伺う前に《全国有料老人ホーム協会》というところに問い合わせてみたんですが……
サービス内容や、入居者が支払う費用は従来の契約通りで、介護保険の給付は入居者本人が自治体に申請して現金を受け取るという方法もあると聞いたんですが．
ええ、お話のとおりです．
いずれの方法をとるか、今後また入居者の方々と協議会を開きまして皆さんのご希望を尊重して決定したいと考えております．その際はもう少し具体的な金額等の資料も用意致します．
と、まあそのときはそんな話でさ．
それで、そのあとどうなったんだい？

うん、そのあと入居者で話し合ってね、後の方の、契約はそのままで、私たちが直接役所から介護保険のお金を貰う方がいいってことになったのよ。
で、結局ホームとの協議会でもそう決まったわ。
じゃ、病気しても、体が不自由になってても今んとこにいられるんだね。よかったね。
菊おばさんの方は、そのケアなんとかって話はどうなの？
そう、それでね、みどりさん、ホントにわるいんだけど、今度一緒に見に行ってもらえないかね。
娘は無理だし、平日だから息子は呼び出せないし、嫁も働いてるし……あんたなら梅ちゃんのことでいろいろよくわかってると思ってね。
いいですよ。お義母さんが通所介護でセンターにでかける日はでられますから。
よかった。役所の人とホームの寮母さんが一緒に行くってんだけど、心細かったのよ。これがそのケアなんとかの案内。

ケアハウスやすらぎ荘、ですか。うちも何かの時の参考になるから。
桃子おばさんのことは圭介くんから少し聞いてたよ。
なんか納得いかなかったのよね。
何がさ？
だって、菊おばさんやうちみたいにお金があんまりなくて福祉サービスで助かってた所は費用の負担が重くなって、
桃子おばさんみたいに余裕がある人はこれからお金がもらえるんでしょ。なんか、変。
でも、みんな介護保険料は払ってるんだぜ。保険料は取られるわ、何も無いわ、じゃ怒るだろ。
そりゃそうか…。ま、いいか。
それで私、水曜日は菊おばさんとケアハウスの見学に行ってくるわ。
ああ、どんなところかよく見てきてよ。

使ってみよう いろんなサービス

介護保険以外のサービスも利用

着きました。
ここが今日ご案内する《やすらぎ荘》です。

ここは、特別養護老人ホームから退所された方が安心して暮らしていただけるよう市が作りました。
12名の方が個室で生活され、お世話役の管理人が1名おります。
食事や洗濯は、どうするのかね？
洗濯と掃除はお世話役がします。
食事は、宅配サービスを利用されるか、自分で作って下さい。
介護保険の適用はどうなんですか？
菊さんは要介護1ですから、ホームヘルパーや通所介護の利用はできますね。

これでおいくら払うんですか？
洗濯・掃除・個室の利用で月12万円です。生活保護を受けていられる方は6万円です。
おばさん、個室に入れるのはいいわね。私の住んでるところじゃ、ケアハウスってきいたことなかったけど。
ええ、この辺の自治体ではうちだけのサービスなんです。
本当にこんな施設が欲しいいんですよね。特別養護老人ホームは介護度の重い方が優先になるし、かといってお一人で暮らすのは・・・・
ところで、食事サービスは紹介して下さるんですか？
はい、配食事業者とボランティアから始めた《やすらぎの会》が現在やっています。このケアハウスの管理は《やすらぎの会》に委託してるんです。
朝・昼・晩の3食ともお願いできるのかしら？
いえ、昼と夜の2食です。その他にこの近くの保健福祉センターの《秋の里》で昼食を食堂形式で皆さんで食べられます。1食500円です。

あたしゃ手が不自由で、料理は無理なんですよ。
介護保険のヘルパーさんに朝御飯の用意をしていただいたら、
食事の問題だけかしら？
《秋の里》にはケアマネージャーがいますから、ご相談下さい。でも、特別養護老人ホームを退所される気持ちになられたんですか？
きれいだし、個室だし……。でも、いくらここでも、一人で暮らすのはやっぱり不安だしねェ……
ここの管理人さんに会ってみたら？
呼んできましょう。ホールでお待ちになってて下さい。
ようこそいらっしゃいました。管理人の山本です。
私たち《やすらぎの会》ではこの《やすらぎ荘》の他に、痴呆の方のグループホーム《ことぶき》の運営もしています。
配食サービスは、10年前にボランティアで老人給食から出発しました。お年寄りのお好みや体調を考えての配食をしています。

私は肉が苦手で食べられないんですよ.
前もってご相談を受けますから大丈夫ですよ.
老人ホームじゃお正月にはおせちを出してくれてたけど.
私どももお正月・お花見・お盆・お月見の特別料理をお作りしていますよ.
通常1週間ごとにご注文をとって、昼・夜の必要な食事を確認しますし、前の日ならキャンセルもできますよ.お客様がおみえのときは、3食まで追加もできます.
へーえ、そんなにご親切に.
菊さん、そろそろホームへ帰る時間ですから、お返事はまた明日にしたら.
私も帰らなきゃ.そろそろおかあさんが帰ってくる時間だわ.
それでは僕、明日また、ホームの方に伺います.
それじゃおばさん、私はここで.
忙しいのにすまなかったね.気をつけてね.
所21

住んでいる所でサービスはちがう

……そうですか。じゃ、おばさんも気に入られたわけね。
ええ、新しくてきれいだったし……

菊おばさんの市では、介護保険だけではないいろんなサービスがあったけど、なんでこの町は何もないの?

配食サービスを昔から取りくんでいて、市からも補助がかなり出ていたので、《やすらぎ会》は本当にいい仕事をするようになりましたよね。
でもねみどりさん、あの市は特別養護老人ホームや老人保健施設が一つずつしかないので、重度の高齢者をかかえるお宅は難儀しているんですよ。

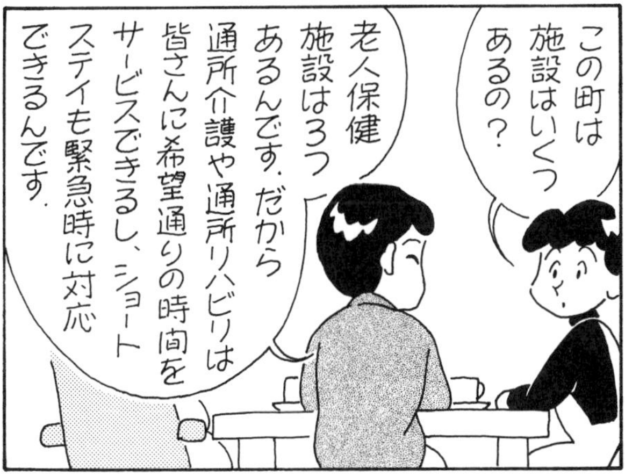
この町は施設はいくつあるの?
老人保健施設は3つあるんです。だから通所介護や通所リハビリは皆さんに希望通りの時間をサービスできるし、ショートステイも緊急時に対応できるんです。

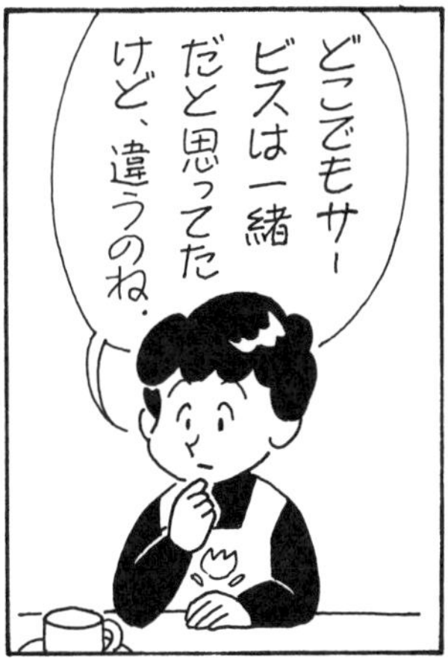
どこでもサービスは一緒だと思ってたけど、違うのね。

そうなんですよ、菊さんの退所のお奨めも、きっと待ってる方が多いこともひとつの理由でしょうね。
ええ、寮母さんも100人近く待ってるって言ってたわ。
この町もそれでも20人ぐらいは待機してますから、それは大変でしょうね。それに、これまで介護保険の対象外でも受けられていた寝たきりにならないためのリハビリなどのデイサービスが、保険対象の方へのサービス確保のため受けられなくなるそうです。
あら、大変。この町はどうしてるの？
学校の空き教室や銭湯の脱衣所なんかに理学療法士や作業療法士を派遣して──
各町1ケ所のデイサービスを開設する計画を進めているようですね。
ケアハウスとか、痴呆の方のグループホームとかは無いの？我が家もだんだん心配なんで……
残念ながら、老人保健施設の1ケ所が痴呆専門の通所サービスをしていますが、グループホームはありません。ケアハウスもね……

どこへ行っても万全はないのか・・・.
そこにお住まいの方が欲しいサービスから優先して作るしかないんでしょうね.
私、どんなサービスがあるかさえ知らなかったんですよ. まず、知っていればあんなにあわてることなかったのにね.
市役所の相談窓口が高齢者の相談を一ケ所で受けられるようにして欲しいと、ヘルパーさんたちが要望していましたよ.
今は介護保険と老人福祉が別の窓口で、皆さん混乱してますからね.
そうね、ホントにそう思うわ.
それで、菊さんはどうなさるのかしら.
《やすらぎ会》の山本さんもとても印象がよくて、退所の方向に気持ちが動いてたけど、念のためもう一度今度は子どもたちと行って決めるそうです.
おばさんにとって良い結論が出るといいですね.

サービス利用も準備が大切

OK!

あのさぁ、
来月の25日までに引っ越さなきゃだろ、23日までに荷物をまとめないとな。
それより、まず住むところを決めてからでしょ。
今週の土・日で決めようと思うんだけど、一緒に見に行けるかい？
えー、もっと先かと思ってたから、ショートステイの申し込みはまだよ。
急いで申し込んでみてよ。
佐藤さんに電話してみる。
もしもし、急で申しわけないんですけど、今週の土・日にショートステイをお願いしたいんですが……

えっ、今日が水曜日ですから、利用の手続きが間に合うかどうか。ちょっと空き状況など調べて、折り返しお電話します。
……って。
かあさんに言っておかなくちゃな。
かあさん、今度の土曜日から2日くらいショートステイにお願いするからね。
ショートステイってなんだい？
この前、佐藤さんが説明してたろ。
何にも聞いてないよ。
菊おばさんのいるような所に2日泊まるんだよ。
お前も一緒かい？
いや、僕とみどりが名古屋に僕の単身赴任の住まいを探しに行くんだよ。
私も行きますよ。
かあさんは無理でしょ。

どうして私を置いていってしまうんだい。
すぐ帰るよ。たった2日だけだって。
知らないとこに泊まりたくないよ。
いつも行ってるリハビリの先生がいるところだよ。
ほんとに迎えに来るのかい。
ちゃんと行くさ。
みどりはそんなこと言ってなかったよ。
さっき決めたんだよ。ほかに都合のつく日がなくてさ。
私をほっていくんだね…
いいとこじゃないか、風呂にゆっくり入れてくれるし、メシだってうまいんだよ。
まだどこになるかもわかんないのに、いいのかなぁ…
もしもし、みどりさん、ショートステイの件ですけど、こちらの施設は予約がいっぱいで、他の施設を当たってみましたら、清風園が受けて下さるそうなんですが、まず、お医者さんの意見書が必要です。

初めてのご利用なので、園の方がそちらへ伺って梅さんのようすを確認して契約になります。
それが……、
どうかしましたか？
急な話でおかあさんが納得できないようなんです。明日にでもお医者さんのところに行かなければ、間にあわないですよね。
意見書は病院によっては書いていただくのに1週間位かかる事もありますからね。
ああー、どうしよう。
ちょっと、太郎さんと替っていただけます？
どうしても今週おでかけなら、明日にでも清風園へ梅さんといらして安心していただいたらいかがですか？
病院の書類はかかりつけのお医者さまに私が連絡して間にあわせます。
はい、すみません。その様にお願いします。
あなたのおかげで大変な騒ぎよ。
おかあさんは興奮するし、これからはちゃんと相談して物事を進めてよね。

よくわかりました。これから気をつけるよ。ちゃんと準備して、本人も納得しないと無理なんだな。
とりあえず、明日の夕方早退して、僕も一緒に清風園へ行くよ。
そうしてくださいな。
―翌日
特別養護老人ホー
清風
15
このお部屋がお泊まりいただくところです。
二人部屋なんですね。
ええ、特別の事情のある方は個室の時がありますが。
どんなときですか？
痴呆が進んで、同室の方が眠れない場合など、痴呆専門のお部屋がありまして、そこが個室です。
お風呂はどんなお風呂ですか。
では施設をご案内しましょう。ちょうど夕飯の時間ですので食堂からご覧ください。

皆さん同じメニューの食事ではないんですね.
はい、腎臓病・糖尿病の方は特別食をお出ししてます.
短期入所の間もリハビリをお願いできるのかしら?
土・日にかかりますのでリハビリはありません.入浴は致しますが、平日の入所の時に、可能な方はリクレーションに参加して頂きます.
お手洗いは、おむつをしないように家族でも努力しているんですが、こちらでも協力していただけますね.
はい、担当の寮母に申し送りいたします.
ねえ、お風呂はないの?
こちらです.特殊入浴槽は隣にあります.
まあ、広くてきれいね.
手すりもあるし、スロープで入れるのね.
ただし、このお風呂は自分でほぼ入浴ができる方用です.寮母は1名ついておりますが、洗うことは基本的にいたしません.

自分で洗えるけど、浴槽への出入りが不安定で心配だね、
出入りの介助ぐらいはいたしますが、全介助の方は特殊浴槽です。当日のようすで決めましょう。
明るくて、ここに入りたいね。
じゃ、かあさん金曜日から日曜日までここに泊まることにしていいかい？
いいけど、まだ仕度ができないよ。
おかあさん、仕度はいらないのよ。
洗面用具とか、ねまきとか、人のうちに泊まる用意があるでしょう。
いえ、車でお迎えをいたしますし、体一つでおいで下さいな。
何にもいらないのかい？
全部貸してくれるのよ。
タオルもいいの？病院じゃ持ってこいって言われたけどね。
大丈夫ですよ。それでは事務所でお申し込み書を書いていただきます。

はーあ、やっとあなたのアパートも借りられたし、引っ越しを待つだけね。
必ず休日は帰ってきてね。どうもおかあさんのようすがあんまり良くないの。
おばあちゃん、この頃いやに怒りっぽいよね。
そうなのよ。あの清風園への短期入所以来、何をしても疑り深くて。
adidaz
あれは失敗だったね。急にせかしてしまったので、納得してなかったんだ。
施設では結構満足していたようで、お風呂も気に入ったと言ってたんだけどね。
おむつをさせられそうになったって、怒ってたよ。
職員に聞いたら、夜勤の方が、『こちらはおむつではありませんね』と確認しただけだという話なんだけどね。

その時は、それですんだんだろ.
ええ、ありがとうございます、なんて帰宅の時は職員にあいさつしてたのに、家に帰ったら『私をじゃまにした』って.
僕が悪かったよ.引っ越しの時は大丈夫かな?
佐藤さんが、今度は慣れているいつものデイサービスのとこに短期入所の予約をしてくれたわ.
僕もまたお袋とゆっくり話し合うよ.
おはようございます.
あら、いつも来て下さる方と違うのね.
この頃ヘルパー派遣の申し込みが多くて、交替になりました.平井です.
杉田さんはそんなこと言ってなかったよ.
これからは私だけでなく、手の空いた人が来るようになりますよ.さあ、着替えましょうね.

そこじゃない、服は違う引き出しですよ。
はいはい、そうですか。ああ、これにしましょう。今日は寒いですからね。
いやですよ。それじゃ暑い。
わがまま言わないで着替えましょう。
いやですよ。
着替えないんですか。
杉田さんを呼んで。
杉田は交替になったんですよ。
あなた、帰って。
着替えを済ませてくれないと、お食事の用意ができないんですよ。
食べません。
それじゃ、私はお台所にいます。用事があったら呼んで下さい。
お手洗いに行きます。
引っ張らないで、痛い！
私につかまってくださいな。
痛い、痛い。
あらー間に合いませんでしたね。
あんたが悪いんだよ。
あら、どうしたのー

サービス内容は常にチェックをケアマネージャーと連絡を

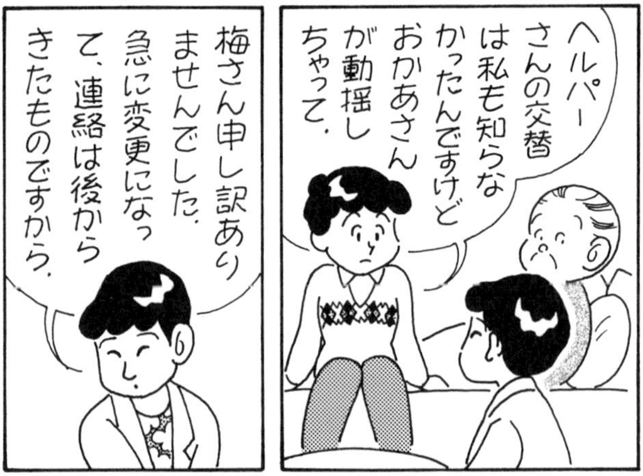
ヘルパーさんの交替は私も知らなかったんですけどおかあさんが動揺しちゃって。
梅さん申し訳ありませんでした。急に変更になって、連絡は後からきたものですから。

乱暴なとんでもない人だよ。杉田さんは必ず着替えはどれにしますかって尋ねてくれたのに、あの人は勝手に選ぶし、人を馬鹿にして子ども扱いするし。
今後も誰が来るかわからないと言ったそうですが、どういうことですか。それに、おかあさんに突然言わないでほしいんです。
私はそのようなことは聞いていませんが、ヘルパー派遣の今後の体制を確認してからきちんとお話しします。

派遣してくれるところを変更してほしいんです。こんなことが始終あると困るんです。
わかりました。またご連絡します。
ということで苦情をいただいたんですが、経過を聞かせて下さい。

実は、重度の方のヘルプに入っている方が熱を出して、私がそちらへ回ったんです。突然のことで佐藤さんへの連絡が遅くなりました。梅子さんはいつも私の介助を素直に受けて下さるので経験の浅い平井さんでも大丈夫と判断しました。
平井さんは、今後もいろいろな方が梅さんの介護に入ると言ったそうですが．
たぶん、平井さんに派遣を依頼したときに、彼女は遊軍として、休むヘルパーの代替を今後もお願いすると言ったのを、勝手に解釈したんだと思います。
派遣ヘルパーや派遣方法の変更は、私に連絡や相談なしでは困るんですよ。
わかっています。こちらの教育不足です。申し訳ありません。
今、梅さんは不安定なので、杉田さんが替わるのは影響が大きいんです。
平井さんはあわないようなので、当面私が受け持ちますが…
何か問題がありますか？
はい、最近派遣の要望が多くて、人のやりくりに苦心しているのは事実なんです。
梅さんのところにも他のヘルパーも入れるようにさせていただきたいんですが．

梅さんの了解を得たいので、代替の候補者を引き合わせて、面接と引継ぎは必要ですよ。
私の入る日にいっしょに行くことにします。
そうしてください。
梅さんが落ちつくまで、しばらく杉田さんでお願いしたいとご家族は要望されています。それがだめなら派遣業者を変更してほしいと。
それは、いつぐらいまででしょうか？
息子さんの引っ越しがすんでから、1ケ月間ほどは。
わかりました。あまり環境がいろいろ変わらないようにしましょう。
どうしてもヘルパーの派遣が困難なときは、なるべく早く連絡してください。
はい、わかりました。

サービス内容は
いつでも変更できるはず

おかあさんは環境が突然変わると全然ダメ.
あなたがいなくなったら大騒ぎかも.
ヘルパーもひどいじゃないか. 杉田さんはいつもていねいに母さんの気持ちを聞きながら介助してたのに.

NEW PLAN

突然の交替で、引継ぎがきちんとできなかったって謝りに来たけど.
こんなことが続くと大変だな.
あれ以来おかあさん、失敗がこわくて、しょっちゅうお手洗いに行きたがるのよ.
僕が手伝えなくなるから、入浴の回数を増やした方がいいかな.
ええ、それも含めて介護計画の見直しをお願いしてるの. ショートステイの件はおかあさんに話してくれた?
ああ、しばらく離れて暮らすけど、必ず土・日には帰ってくるって約束したよ.

私がおかあさんに、さびしくなるって言ったら、仕事なんだからしょうがないって言ってたから、わかってるんでしょうけど．
あと1週間で転勤だもんな．なるべく母さんとゆっくり話すよ．
今日は、ご家族のご要望で、またこの担当者会議を開きました．
やっと家庭での介護に慣れましたが、太郎の転勤が近づき不安定ですし、いくつか変更をお願いしたいのですが．
具体的にどうぞ．
週2回の通所リハビリを3回にしていただきたいんです．あと、入浴サービスの日にヘルパーさんを入れてください．
通所リハビリは難しいので、通所介護ではいかがですか．ヘルパーさんの日程の変更は可能ですが．もしご希望どおりにすると、ヘルパー派遣の時間は短くなりますよ、よろしいんですか．
どのようになりますか？

今まで週5日1・5時間のヘルパーが、通所介護を入れますと、週3日1・5時間程になりますね。
はい、結構です。ただ、通所介護も通所リハビリと同じ施設でお願いします。
わかりました。
ヘルパーさんはどうなりますか？
さわやか会から1回、こちらから2回でいかがですか。
この、センターからの派遣が減るんですね。
そうです。
入浴サービスの時にはヘルパーさんと時間を重ねて下さい。
わかりました。それでは各担当から何かありますか？
この頃、梅子さんはとても意欲的にリハビリにとりくんでおられますが、ご家庭でのようすはいかがでしょうか。
通所するのはとても気に入っているようですが、家では家族がいるときは自分でできることも家族にさせたがります。特に起きあがりがおっくうで、ベッドに綱をつけても必ず人の手を借りたがります。

ヘルパーさんのときはどうですか？
自分でなさいますが、手が痛いようです。綱の持ち手に工夫が必要かもしれません。
大野さんにお願いしますが、ベッドの起き上りの工夫を梅さんとしてみて下さい。他には？
私はしばらく担当しますが、清水というヘルパーが、私の交替要員で梅さんのお気に召すか、次の派遣の時にいっしょに来てもよろしいでしょうか。
はっきり交替と言わないでそれとなく紹介して、本人が気に入れば結構です。この間の平井さんのようでは困るので。
わかっています。つれてきますので、後で感想を聞いて下さい。
とにかく、太郎の引っ越しが済んでしばらくは、あまり変更は・・・
杉田さん、清水さんとすぐに交替ではないですよね。
ええ、何回か顔合わせをした方がいいと思いますので。
それならどうぞ

	月	火	水	木	金	土	日
午前	通所リハ	訪問介護	通所介護	訪問介護	通所リハ	訪問介護	
午後		入浴サービス					

母さん、いよいよ明日僕は転勤先へ行くからね。ショートステイに一緒に行こう。
すぐ帰ってくれるんだろう？
また、5日たてば帰ってくるよ。
さびしくなるね。
1年のがまんですって。
とりあえず、出かけようか。
私は、2日ショートステイにいればいいんだね。
あさって家まで送ってくれるそうだから、私は家で待ってます。
太郎、体に気をつけるんだよ。
今度はよく知っている施設だから安心してね。
大丈夫さ。

重くなったと気付いたら

ねえ、最近、ずいぶんやせたんじゃない？ダイエットのしすぎじゃないの。
寝不足です

あなたに心配かけたくなかったから黙ってたけど、おかあさんが夜寝ないのよ。
エーッ。僕がいるときはずいぶんしっかり寝てるけど。
そうなのよ。あなたが帰ってくる週末はいいんだけど、普段の、いない時は、夜中に突然ベッドから降りようとして、私を呼ぶのよ。
トイレに行くんじゃないの？
違うのよ。あなたの出勤の支度をするんだって言って、きかないのよ。
自分で歩けるのか？
ええ、この頃お手洗いも全介助なのに、そんな時に限って気がつくとベッドから降りて玄関の方へ行こうとしているのよ。
危ないな。

ベッドに戻して、なだめたりすかしたりして、やっと寝てくれたと思ったら朝ですもの。
それに、時々訳のわからないこと言うし、通所リハビリから帰ってくると、『ごめん下さい。おじゃまします』なんて、他人の家に来たと勘違いしてるのよ。失禁も増えたし、食事も口元に持っていかないと食べてくれないの。
いよいよ本格的にぼけてきたか。
どうしよう。
朝や夜のヘルパーさんを頼むか。
今、受けられるサービスはめいっぱい利用してるから、自己負担になるわよ。
高いのか？
ええ、早朝・深夜は1時間で8760円、30分未満でも3150円、週6日来てもらうとしたら、1ケ月で75,600円よ。
ちょっと無理だな。
巡回訪問介護が必要になってきましたね。
でも、巡回介護をお願いすると、今までのサービスが減ってしまいますよね。
要介護度の変更が必要ですね。

申請を出しても3週間はかかるんですよね。私はもたないわ。
梅さんの場合は、先にサービスを出発させても、申請を出しておけば、大丈夫だと思いますが。
どうしてですか？
要介護度の変更は申請時からです。それに、月の途中で要介護度が変更になると、その月のはじめから、変更後の要介護度のサービス給付が受けられます。
もしも、おかあさんが今の要介護3から要介護4になったら4月15日の今日、申請を出せば、4月分のサービスは要介護4として受けられる、ということですか？
ええ、その通りです。ただしお医者様の意見書が必要ですよ。今日は申請は出せませんが。
すぐ、手続きをお願いします。
わかりました。ところで、巡回介護は夜にしますか？
夜は何時頃おかあさんが起きるかわからないので、私が朝寝してもいいように、朝の仕度に来ていただきたいわ。
それでは、梅さんの洗面・着替え・お手洗いの介助ということで、午前6時30分に、日曜日を除く週6日間の派遣をしましょう。

食事は介助していただけるのかしら？
食事の準備をして置いてあれば、介助してもらえるでしょう。計画に入れておきます。
明日が通院の日なので、お医者さんにお話しします。
それでは、要介護度の変更で意見書が必要なことをお伝え下さい。
あと、ベッドの柵を高くしたいんですけど、この間も落ちそうになって。
手配しておきます。
あら、太郎が帰ってきたよ。
迎えに出てやらなきゃ。
ドタ
あたた、た、たた、、、

あーもう、おかあさんまた起きちゃったのかしら。
おかあさん。あら、いない。
太郎？
おかあさん
あれーっ!!
おばあちゃん!?
痛いよ、痛いよ。
救急車呼んで!!

骨が折れたときいたときはびっくりしたよ．
かなりぼけてたのねぇ…．
僕が転勤してから進んじゃったみたいで．
私がもっと気をつけていれば…．
みどりさんもそんなにやせるまで介護してたんだから．
大変だったねー．
せっかく来ていただいたのに、おばさんたちのこともわかってもらえなくて．
入院してからは、太郎のことまで、『どちらさまで？』なんて言ってるんです．
みどりさんは、わかるんでしょ？
ええ、かろうじて．
それで、骨折の治療に時間がかかるみたいで、かわいそうですけど、しばらく退院できないようです．
おばさんたち、そろそろ…．僕、お送りしますよ．
お願いするよ．
わるいわね、太郎ちゃん．

じゃあ、梅姉ちゃんお大事に。
また来るよ。
ご苦労さまです。
姉ちゃん、ケアハウスはどう？
『やすらぎ荘』は、とても暮らしやすいよ。お仲間と今、お花を習ってるんだよ。
お食事はどうしているの？
配食サービスをお願いしてるんだけど、これが私の口に合ってね。
個室なので訪ねやすいと、ご家族皆さんに好評ですね。
そうなの。この頃は、子どもたちも月に一度に顔を見せてくれてね。
よかったね。前の老人ホームから追い出されるって泣いてたのが嘘みたいね。
近くに痴呆の人の『ことぶき』っていうグループホームがあるんだけどね、そこでこのあいだ大変だったんだよ。
何が大変だったんですか？

ある人の子どもが面会に来たら、自分の子どもと勘違いして、これは私の子だって言い張る人が3人もいて、大騒ぎだったんだって。
わかるわよね。その気持ち。
それから、面会は、隣の保健福祉センターの『秋の里』でしてくださいということになったんだよ。
うちの母さんを見ても、痴呆って、どうすればいいのかわからないですよね。
私のいるホームの作業療法士さんは音楽療法をしてるわよ。
どんな治療ですか？
たいことか、トライアングルとか、タンバリンを叩かせて合奏してるけど。
『ことぶき』では、体がしっかりしてる人はレクリエーションに力を入れて、散歩が大切な日課だってさ。
母さんみたいな場合はどうしたらいいんだろう。
日中だけお世話してくれる痴呆専門のサービスがあるって聞いたよ。
家の近くにもあるのかなあ。
調べてごらんなさいよ。あるはずよ。

うちの母のようになると、とても自宅介護はできないと思うんですけれど.
骨折の治療が終わられたら退院ですから、その時のようすで考えましょう

痴呆専門のサービスを知っておこう

痴呆専門のサービスがあると聞きましたが.
はい、1ケ所あります. 痴呆の方を日中お世話するデイサービス、短期入所、入所の施設が、『九重病院』に付属している『さくら園』です.
そこに入所は無理でしょうか.
とても重度の方が入所していますので、梅さんがある程度快復してくると、どうでしょうか.
見学はできますか？
はい、ただし見学の場所はデイサービスのところだけです.
そういえば、九重病院は精神病院でしたよね.
ええ、3年前に老人保健施設と老人痴呆病棟を増設して、地域サービスを始めたんです.

痴呆の専門医がみてくれるんですか？
はい、他の施設の職員が研修に行くぐらい有名ですよ。
ぜひ見学させてもらおうよ。
ええ。
では、私から連絡しておきましょう。
精神病院っていうから、暗いイメージもってたけど、明るいね！
デイサービスの内容もユニークね。
みんなぬいぐるみで何をしてるんですか？
いわゆる、おままごとみたいなものですが、自分の愛情を表現するのがうれしい方が多いので落ちつくようです。
母が、夜は寝ないし、夜中に僕が帰ったと勘違いして騒ぐし、どうしたらいいか・・・
こちらでは、痴呆の相談を受けておりますし、ご本人を診断してご家族に介護の指導もしておりますよ。

今、骨折で入院していますが、退院したらお願いしたいんです。
ご家族と一緒に宿泊していただいて、介護指導をする場合もあります。
それはいいですね。
ご夫婦やご家族全体で取り組まれると、とても効果が出る場合があるんですよ。
ここは家から遠いんで、すが、他に相談できるところは無いですか？
保健所や、役所のそばの福祉保健相談所で週2回痴呆相談があります。こちらの先生も出張で行きますよ。
退院が近づいたら、また連絡させて下さい。
どうぞお待ちしています。
要介護度の変更の手続きも終わりましたので、今後の介護の方針を決めなければならないのですが。
自分ではトイレに行けなくなりました。
食事も柔かいもの以外は小さくしないと全介助に近くて。

痴呆は一時期より改善したようですね.
ええ、太郎がよく顔を見せて、姉妹も来てくれたのがよかったかもしれません.
ところで、施設サービスの利用はどうでしょうか.
家の近くなら私も通えますし.
私どものセンターで、老人保健施設が受け入れ可能と言っています.
よかった.みどりが倒れるのではないかと心配になっていたんです.
どうか、入所させて下さい.おかあさんも慣れているところですから、納得すると思います.
早速手続きをしましょう.
おばさんたちも外出大変なのに、面会に来ていただいて、ありがとうございました.
なあに、そちらこそご苦労さまだね.
みどりさんも体に気をつけてね.

ハイヤーはすぐ来るのかい？
市立老人保健センターの前って言ったら、10分くらい待って下さいって．
結局、梅ちゃんもこういうとこに入ることになっちゃったねえ．
しょうがないわよ．今の梅姉ちゃんと家族にとってこれが一番いい方法なんでしょ．
まったくねえ．去年のお花見ん時には、梅ちゃんがあたしたちに介護保険のこととか教えてくれたのにさ．
でも、私らもこの先またどう変わるかわかんないよね．
なんにしてもさ、長年せっせと生きてきたあげくが、自分自身がつらかったり、誰かが自分の犠牲になってるって思ったりは、せつないわよね．
みんな安心して年をとれるようになるといいんだけどね．
誰でも年をとるんだもんね．

いい施設を選ぶ
チェックリスト

いい施設、いいサービスを選ぼう
自分の評価基準を持とう

自宅で介護サービスを受ける場合も、施設で暮らす場合も人間らしく暮らしていくためには、サービスに対する自分の評価基準を持つことが大切です。ここからのページはそんな「自分は大切にされている。」と感じられるあなたの基準づくりの参考にお役立てください。

介護保険はサービスの内容や、提供者、入所先を自分が選べることが原則です。納得のいかないことは、きちんと苦情処理されるように法律で決められています。自分の老後を快適に過ごすために、自分がしてほしい事をきちんと伝えることがとても重要です。サービスを提供する事業者もよりよいサービスを目指すために、あなたのご意見はとても役に立つはずです。この評価基準は東京都が心身障害児(者)施設の自己点検に利用したものを参考にしています。

職員がみんな親切、プライバシーが守られ買い物・外出が自由、食事は暖かで通常の食事時間に食べることができ、種類も豊富。レクリエーションや社会活動で地域の友人や家族と交流でき、なるべくトイレに行くことを手伝ってくれる。夜でも昼でも困ったときはすぐ手を貸してくれる。施設や、サービスの内容が変わるときは利用者に相談があり、意見を取り入れてくれる。医療が必要なときはすぐに医師にかかれ、必要な時に入浴ができる。体が不自由でも目が見えなくても「大切にされている」と感じられる。そんなサービスを求めたいという思いを項目にしました。

評価は項目ごとに四段階です。

◎ 水準以上に評価できる事項で、○に加えて実施されている場合。
○ 必要な水準を列挙してます。
△ 最低基準で向上が求められる状態。
× とても是認できない水準で改善が必要。

さあ、あなたのお考えと照らし合わせてください。

1、利用者の権利擁護の姿勢

1-1 施設長は利用者主体 ？

○1、施設利用者の声を聞くアンケートや懇談会を行っている。
○2、施設長が利用者の特性を理解し、職員が対応に困るときは適切な助言をする。
○3、職員の意見を聞き民主的運営をしている。
○4、体罰などの利用者の権利侵害を行う職員に厳しい態度で指導している。

◎ 施設に倫理規定を設け苦情処理委員会が機能している。定期的に職員の研修を行い利用者主体のサービスを徹底に努力している。
△○のいずれかは行っている
×○のどれもおこなっていない。

Ⅰ-2　利用者に対する職員の姿勢は適切でしょうか　？

○1、利用者に対して年齢にふさわしい敬称をつけて呼ぶ。
○2、「☆☆しないと★★してあげない」のような交換条件による対応をしない。
○3、「☆☆しなさい」「だめ！」「どうして★★するの」のような命令語・禁止語・叱責語は用いない。
○4、職員の服装は、場面にふさわしいものをきちんと着用している。
◎　常に利用者に敬意をはらった言葉かけやかかわりがある。
△　○の記載事項のいずれかは行っている。

×1、世話をしてやっているという恩着せがましい態度の職員がいる。
×2、職員を先生と呼ばせたり、職員が利用者を呼び捨て、ニックネームでよぶ。職員相互の会話や会議で利用者を不適切 な名称で呼ぶ。
×3、利用者に対し乱暴な言葉を使ったり軽蔑したり、からかったりする。
×4、解除を厭うような言葉を利用者や家族の前で口にする。
×5、利用者に高圧的、威圧的な態度。

Ⅰ-3　利用者に情報提供をして希望を引き出しているか

○1、利用者の意思や希望を引き出す雰囲気づくりをしている。
○2、友好的な言葉かけ、リラックスした雰囲気づくりに努力している。
○3、言葉のコミュニケーションが困難な利用者にも表情や行動を解釈してその意思を汲み取る努力をしている。
○4、本人の意思や希望を理解するため本人や家族から、嗜好や希望価値観などについて情報収集し援助に反映させる。
○5、利用者の障害や特性に応じて提供できるサービスの情報をわかりやすく提供する。
△　○のいずれかは行っている。
×　○のいずれも行っていない。

Ⅰ・4 個別的要求に応えている

○1、利用者から既存のメニューにないサービスを求められたときも、できるだけ応える努力をする。

○2、すぐに応えることが困難でも全体で話し合って応える努力をする。

○3、話し合って希望に添えないときはその理由を利用者に説明して理解を求める。

◎利用者の個別的要求に応えるため随時会議を開きその会議に利用者を参加させる。

△○のいずれかは行っている

×○のいずれも行っていない。

Ⅰ・5 体罰を行う職員は？

○体罰は就業規則で禁止され、体罰などの根絶に向けた研修が定期的に開かれる。体罰を行った職員は厳格な処分を受ける。

△就業規則の規定にはないが、職員会議などで施設長が強調している。

×指導の一環として体罰を容認する雰囲気が施設内にあり、体罰を行う職員がいる。

Ⅰ・6 不満などを受け止める？

○1、職員の態度やサービスについて不満を受け止める窓口がある。

○2、利用者や家族との懇談の場があり訴えを聞くようにしている。

○3、担当者ができる限り利用者や家族の話を聞く。

◎利用者や家族の相談を受けるためのサービス点検調整委員会など第三者の機関が設置されて、定期的に不満や苦情を受け止めている。

×まったく実施していない。

Ⅰ・7公民権は行使できる？

○1、必要な人は投票所まで送迎する。
○2、必要な人は施設内で不在者投票できる。
◎選挙公報に振り仮名を振るなどわかりやすい情報提供に努めている。
△○のいずれかは行っている。
×○のいずれも行っていない。

Ⅰ・8プライバシー保護に配慮

○1、利用者が一人で過ごせる空間を確保している。
○2、共同スペースで他の利用者プライバシーにかかわる話を職員はしないようにしている。
○3、見学者などが、利用者の生活に立ち入らないようにする。
○4、利用者の個人情報が外部に流出しないように注意する。
◎プライバシー保護のマニュアルを整備し、個室化を推進している。
△○のいずれかの事項は実施している。
×○のいずれも実施していない。

Ⅰ・9必要な人については、家族に状況を知らせている

①痴呆・知的障害がある利用者

○1、家族に定期的に利用者の状況を知らせ、事故等があれば直ちに知らせる。
○2、家族が来訪したおりは説明をしている。
○3、広報誌（紙）を定期的に発行し、施設の様子を知らせる。
◎家族との連絡担当者が決まっており、められた情報はいつでも提供。
△○の事項はいずれか実施している。
×○の事項はいずれも実施していない。

1・9必要な人については、家族に状況を知らせている

②身体障害のみの利用者

○1、必要な人には利用者の了解を得てその状況を家族に知らせる。
○2、家族が来訪したおりには利用者の了解を得て利用者の状況を知らせる。
○3、定期的に広報誌(紙)を発行している。
△○のいずれかは実施している。
×○のいずれも実施していない。

1・10利用者の自治組織は

○自治会を独自の組織と認め、職員が関与や調整を行っている。
◎独自の組織として、運営を利用者が主体的に行い、施設は要求があればいつでも話し合いに応じる。
△自治会がないか、あっても職員が運営している。
×自治会は認めない。

1・11支援や援助について事前説明や、了解はあるか。(インフォームド・コンセント)

○援助の内容・方法を変える場合は、事前に本人や家族に説明して了解を求める。
◎インフォームド・コンセントの重要性を認識して常に情報提供に努力している。
△援助の方法を変える場合は利用者・家族に説明する。
×まったく配慮がない。

II　日常生活の支援　1・食事

① 食事時間は適切か

○1、朝食は起床から1時間以内に食べられる。
○2、夕食は5時半以降、夕食から朝食の間隔は15時間未満。
◎ 利用者の事情に応じて食事時間以外でも個別の食事を提供する。
△1、朝食は、起床から1時間半以内に食べられる。
△2、夕食は5時半以降で夕食から朝食の間隔は15時間未満
×1、朝食は起床から2時間以上待たないと食べられない。
×2、夕食は午後5時以前。
×3、夕食から朝食まで15時間以上あいている。

② 利用者ペースの時間や介助か

○1、利用者が自分のペースで食べられる 時間をとっている。
○2、介助の場合、1回に口に運ぶ量に配慮し、飲み込むまで次を入れない。
○3、利用者の状況で食べ物の形態を工夫して食べやすくしている。
◎ 利用者に声かけや雰囲気でゆっくりと食事できる工夫をしている。
△ ○のいずれかは実施している。
×1食べ方の遅い利用者をせかしたり叱ったりする。
×2一部の利用者が食べている最中に後かたずけをはじめる。

③ おいしく食べる雰囲気作り

○1、明るく清潔な食堂
○2、陶器の食器を使用している。
○3、食事の盛り付け、種類に工夫をしている。
◎ 観葉植物、テーブルクロス、照明、採光、椅子などに工夫して明るい雰囲気。
△ ○のいずれかは実行している。
× まったく配慮がない。

II・1 食事

④ 食事の選択はできるか

○ 週に1回は複数献立を取り入れてる。定期的に利用者の希望を取り入れた献立を用意している。

△ 月1回はバイキング方式などを取り入れている。

× 利用者の希望や食事選択に配慮がない。

⑤ 暖かい、冷たいに配慮は？

○ 1、食事の直前に盛り付けされ、汁物はその場で温めながら提供される。

○ 2、保温食器が利用されている。

◎ 利用者が利用できる保温庫、保冷庫、電子レンジ、ミニキッチンが整備。

△ ○のいずれかは実施。

× 適温で提供する配慮がない。

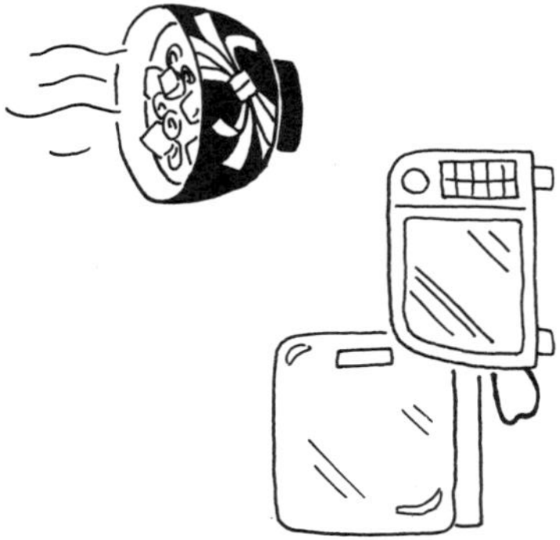

⑥ 栄養管理に注意しているか

○ 1、利用者の健康状態や身体状況にあった食事を提供できるように献立内容や量の見直しが定期的に行われる。

○ 2、医師等の指示、健康状態にあわせ、減塩食、低エネルギー食、粥食など特別な食事が提供される。

○ 3、定期的な健康診断で、一人一人の量や食べやすい形態、塩分などが調整される。

◎ 歯痛、腹痛などの突発的な状況に合わせて食事の提供ができる。

△ ○の1だけ実施している。

× 栄養管理の配慮がない。

II・2 入浴

① 希望や必要でいつでもはいれる

○ 毎日入浴できる浴室またはいつでも利用できるシャワー室が整備、希望すればいつでも利用できる。
◎ 介助が必要な人もいつでも利用できる。
△ 週2回、夏場は3回入浴の機会が確保されている。
× △さえ守られない。

② 男女は別々に入浴できる

○ 男女それぞれ専用浴室がある。
△ 浴室は1つだが、時間で別に入る。
× 男女別の入浴に配慮がない。

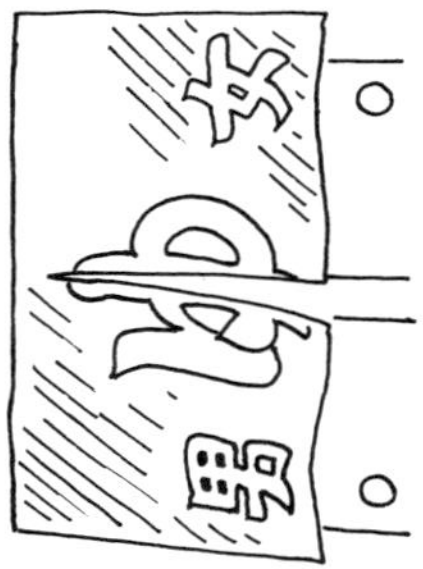

③ 介助は同性が行う？

○ 入浴介助は同性が行う。
△ 必ずしも同性介助ではないが、異性介助の場合は、利用者の同意を得て、プライバシー保護のタオルなどで配慮する。
× 配慮がまったくない。

II・2 入浴

④ 裸体を他人に見せない配慮は

○1、衣類の着脱は浴室内の脱衣所で入浴直前にする。
○2、何らかの事情で早く脱衣した人は、タオルなどで覆う。
○3、浴室はカーテンなどでしきられ、他人から見られない。
◎ 希望者には個別入浴を実施する。
△ ○のいずれかを実施している。
× プライバシーへの配慮がない。

II・3 排せつ

① トイレ誘導や夜尿起こしをする

○1、排せつの訴えがあれば、深夜、早朝でもトイレに誘導したりおむつをかえる。
○2、尿意、便意のある人は、日中声をかけてトイレ誘導をし、原則オムツを使用しない。
○3、必要な人は、夜尿起こしをする。
◎ 尿意・便意のない人にも排せつチェック表やセンサーでまめに配慮する。
△ ○のいずれかを実施。
× 特別の配慮はない。

② 排せつの時のプライバシーは？

○1、トイレ介助はカーテンを必ず閉めるなどプライバシーに配慮。
○2、ポータブルトイレの使用時は、スクリーンなどで人目に触れない工夫をする。
○3、おむつ交換時は必ずカーテンを閉める。
○4、トイレや寝式トイレのカーテンに使用中の表示などの工夫をしている。
△ ○の3までは実施している。
× ○のいずれかが実施されていない。

Ⅱ・3 排せつ

③ 失禁したらすぐ服を交換する

○ 失禁の場合必要に応じてシャワーなどで洗い、汚れた衣服は取り替え、周囲は清潔にされる。

△ 失禁の場合、汚れた衣服の取替えと、周囲は清潔にされる。

× 失禁してもすぐに対応しない。

④ 排せつ記録表の作成活用は

○1、必要な人の排せつ記録表があり、排尿・排便の状況が把握できる。

○2、勤務交代時に排せつ状況を連絡し、水分補給の量や内容の検討に活用している。

○3、必要な人には、医師や協力医療機関に相談し、排尿、排便を促す方法をとる。

○4、栄養士と連携し、食事面の配慮につなげている。

△○のいずれかは実施。

× 排せつ記録表の作成、活用をしない。

Ⅱ・4 衣類

① 個性や好みを尊重している服？

○ 着脱させやすいなど介助者の都合ではなく、利用者が好みの服を着る。

◎ 利用者が場面に応じた服を選択できるように援助の工夫をしている。

△ 職員の主導で服が選択される。

× いつもみんなが同じようなものを着ている。

II・4衣類

② 必要なとき着替えられるか？

○1、下着は毎日着替える。
○2、汚れたらすぐ着替える。
○3、行事の時はふさわしい服にする。
△○のいずれかは実施している。
×1、同じ下着を2～3日着せている。
×2、昼夜同じ服で過ごすことがある。
×3、他の利用者と服を共用させる。

II・5自立の援助

① 本人のするつもりのことを、職員が手早く済ますために、片付けてしまう？

○ 利用者ができることは、時間をかけても自分でするように職員が認識している。
◎ 利用者が自分でできるような、環境と設備が整備されている。
△ ○を原則にしているが、時々職員が手を出す。
× 自立を促す配慮がない。

② 自助具や補装具の援助は

○1、自助具、補装具が利用者に合っているか常に点検している。
○2、自助具、補装具の点検、清掃、手入れが的確にされる。
○3、必要に応じ理学療法士と連携し、把握をし、適当な道具を利用できるようになっている。
◎ 既存の自助具や補装具だけでなく、利用者の状況に合わせて開発したり、関係機関の協力を得ている。
△○のいずれかは実施している。
× 自助具補装具の援助をしない。

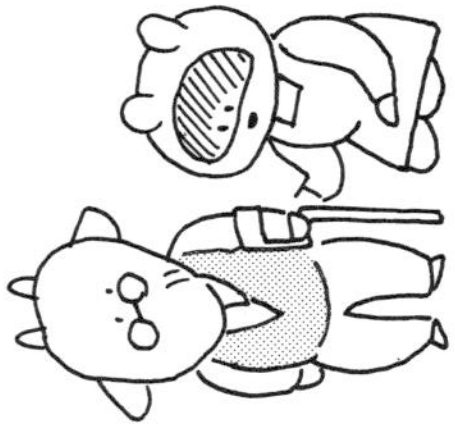

II・5自立の援助

③主体的な選択で日中を過ごす

○1、利用者の希望や意見を反映した多用なプログラムの活動が用意されている。
○2、日中活動の参加は自発性に基づいている。
◎ 自発性の尊重が施設の方針として徹底され、自発的参加を促す工夫がある。
△ ○のいずれかは実施している。
× 一方的に決められた日中活動へ参加が強要される。

II・6外出や外泊への援助

①外出の機会を確保してる？

○1、日常生活の中で散歩の機会を設けるなど配慮する。
○2、外出や外泊をしたがらない要介助者にも個別の働きかけをしている。
○3、さまざまな機会に希望を把握し、年間行事の中に外出の機会を多く設定している。
○4、季節ごとに外出の機会を計画。
◎ 自由に希望を述べ、社会資源を活用して一対一で外出ができるなどの工夫を がある。
△ ○の1と2は実施。
× 一人で外出困難な人は機会がない。

②無理に帰宅を強要しない

○ 利用者の希望や家族の条件で帰宅を実施している。施設の都合で強要しない。
◎ 家族のいない利用者のため年末年始の行事など工夫をしている。
× 施設の都合で帰宅をさせる。

II・7 レクリエーションなど

① レクリエーションは活発か

○ 1、利用者の特性や興味に会ったレクリエーションが用意されている。
○ 2、計画的に実施されており利用者の多くが参加している。
◎ 参加者の希望や反応や意見がプログラムに反映している。
△ ○のいずれかは実施している。

② 家族や地域の人が参加できるか

○ 1、年間行事計画を作成して、家族や域の人に参加や協力を呼びかける。
○ 2、地域の行事などの予定を利用者に情報提供して参加しやすいようにしている。
◎ 地域の人に施設の行事の企画段階から参加を求め共に楽しめるようにする。
△ ○のいずれかは実施。
× 家族や地域の参加は配慮されない。

II・8 利用者の選択の自由

① テレビ・新聞・雑誌・ビデオは？

○ 1、新聞・雑誌・図書などが自由に閲覧できるコーナーがある。
○ 2、テレビは複数台設置してあり、利用者が好きな番組を自由に見られる。
○ 3、希望すればビデオを視聴できる。
◎ 希望すれば個人で購入でき、心身の状況で自分で読めないときはボランティアの導入などで朗読サービスが受けられる。
△ ○のいずれかは実施している。
× 新聞・雑誌・図書・テレビなどが自由に利用できない。

II・8 利用者の選択の自由

② 髪型や服装は本人の好み？

○**1**、利用者の好みで希望どおりにする。
○**2**、理美容師の施設への導入がある。
○ 理美容院への外出ができる。
△ ○のいずれかは実施している。
× 利用者の好みや希望は配慮されない。

③ 外部との通信は

○**1**、公衆電話が設置してあり、自由に電話できる。
○**2**、自分で電話や手紙を使えない人には職員がプライバシーに配慮しながら、代わりに電話をかけたり、手紙の代筆や代読をする。
○ 個人用ファクシミリ、電話の設置が可能で、周囲に通信内容が漏れないような工夫がある。
×**1**、外部との通信連絡に配慮がない。
×**2**、通信の秘密が守られない。
×**3**、利用者にかかってきた電話を取り次がない。

④ 酒やタバコを楽しめる

○**1**、利用者の嗜好を尊重し、他人の迷惑にならない喫煙場所が設置される。
○**2**、飲酒も迷惑にならない範囲で楽しめる。
○**3**、身体状況に問題がある人にはただ禁止するのではなく説明をする。
○ 酒、タバコが楽しめるように生活フロア以外にも常設の喫茶など工夫をする。
△ ○のいずれかは実施。
× 酒・タバコは原則禁止している。

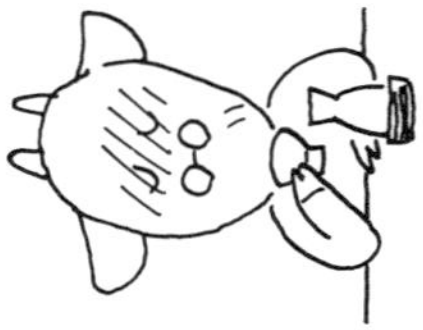

II・8 利用者の選択の自由

⑤ 施設外の団体活動の参加は

○1、外部団体への参加は自由。
○2、自分で外出できない人は希望すれば、職員やボランティアが付き添う。
◎ 適当なグループ活動の場のない利用者には、外部団体の紹介や付き添うを行う。
△○のいずれかは実施。
× 外部団体への参加は認めない。

⑥ 日用品の購入は

○1、施設に希望のものを購入してもらう。
○2、施設で購入するが選択肢がある。
◎ 自分で外出して買い物ができ、要介助者は職員やボランティアが付き添う。
△○のいずれかを実施している。
× 施設が一括購入し、個人で選択できない。

II・9 金銭の管理

① 金銭の自己管理の配慮は

○1、多額な現金は口座に入れるように働きかけ自己管理しやすいようにする。
○2、保管場所を設置して個人で金銭管理する環境整備をしている。
○3、自己管理が困難な人も可能な限り小銭程度の自己管理を働きかける。
◎ 必要な人には職員が出納簿をいっしょにつけたり、金融機関の自動受払機を設置するなど工夫をしている。
× 自己管理の配慮がない。

II・9 預り金の管理は

② 本人や家族の依頼書で預かるか

○1、金銭面の管理は必ず本人や家族から書面で依頼を受ける。

○2、個人別に帳票をつくり台帳を整備して出納の状況を定期的に報告する。本人から申し出があればいつでも開示する。

○3、預かり金の管理規定が整備され、施設内部で出納がチェックできる。

△ ○の1・2が実施されている。

× ○のいずれも実施していない。

III・専門的サービス

III・1 リハビリテーション

① 必要に応じて理学療法・作業療法を受けられるか？

○ 機能回復訓練の設備や器具が備えられ、必要な利用者に理学療法士などの指導が受けられる。

◎ 定期的に理学療法士などが訓練に来たり、常勤でいる。

△ 必要に応じて病院や他の施設に定期的に通える。

× 理学療法などの配慮がない。

Ⅲ・2 保健医療への配慮

① 適切な服薬管理はされている？

○ 各人ごとの服薬チェック、薬歴管理を行い、一括渡しでなく、服用ごとに配付。

△○のような配慮がない。

② 緊急時の対応を訓練している？

○ 骨折や誤飲などの緊急時の対応マニュアルが作成され実際に訓練がされている。

◎ すべての職員が訓練参加し常に実技研修をしている。

△○の一部を満たしている。

× 特別対応していない。

③ 感染症の対策はされているか

○1、施設内の感染(かいせん・MRSA・肝炎等)の対策マニュアルが作成され適切に励行されている。

○2、必要な手洗器など設備機器が整備されている。

○3、みだりに感染者の回避や追い出しがない。

◎ 計画的に研修を行うなど独自の工夫を行っている。

△○の一部が実施。配慮に欠ける。

× 全く配慮が無く、感染者は拒否する。

Ⅲ・2 保健医療への配慮

④ 協力医療機関と連携は

○1、必要な診療科目と連携がある。

○2、急病の際は入院や往診の便宜がある。

○3、休日でも対応してもらえる。

◎日頃から健康相談なども行い連携を深めている。

△○のいずれかは実施している。

×医療機関との連携が考慮されない。

Ⅲ・3 地域での自立生活へ向けた支援・援助は

○1、自立生活にむけて各種の地域福祉サービスや保健医療などの利用可能な情報を積極的に利用者に提供している。

○2、利用者の地域生活への復帰への援助プログラムが用意されている。

◎地域で生活する元利用者や在宅者にもアフターケアの体制がある。

△○のいずれかを実施している。

×地域での自立生活への配慮がない。

Ⅲ・4 行動傷害への対応は

○1、利用者が自らを傷つけたり、他者に危害を加えたとき職員はできるだけ受容的な態度で受け止める方針が徹底している。

○2、自傷、他害、物損などの危険行動に対し利用者の心身を傷つけず対応する方針が徹底している。

○3、服薬が必要な人について医師と緊密に連携している。

○4、行動傷害の利用者について、観察記録した資料を基に、誘因や刺激、人的、物的環境との因果関係を分析し全職員の認識を統一して対応する。

○5、日頃から利用者の行動の特性、生活リズム、興味、嗜好、対人関係など観察記録し、結果を職員で共有する。

◎関係職種や専門医の協力で新たな援助の方法を研修・修得する。

×行動傷害への配慮がない。

Ⅳ　地域福祉

①ボランティア・実習生の育成受入

○1、ボランティア・実習生を受け入れた経験がある。
○2、ボランティアの名簿や記録が整備されている。
○3、実習生の受入にも積極的に取り組んでいる。
○4、職員・入所者に対して受入の趣旨などを徹底し、適切な対応に努力している。
◎常時数名のボランティアの参加があり地域の学校などの実習指定施設になっている。
△ボランティアか研修生のどちらかを受け入れたことはあるが受入のための働きかけは特に行っていない。
×受け入れたことも受け入れる気もない。

②広報誌（紙）の定期発行は

○利用者・ボランティア・施設訪問者などに向けた広報誌を定期的に発行している。
◎希望者や地域住民に配布し、バックナンバーも揃えておく。
△不定期だが広報誌を出している。
×まったく発行していない。

③在宅支援の活動をしているか

○1、デイサービスやショートステイ事業を実施している。
○2、地域交流のためのスペースを用意し地域住民に開放している。
○3、地域の人の専門的な相談に乗る。
◎地域の人を対象に介護講習や講演会を開催するなど工夫をする。
△地域支援の配慮はない。

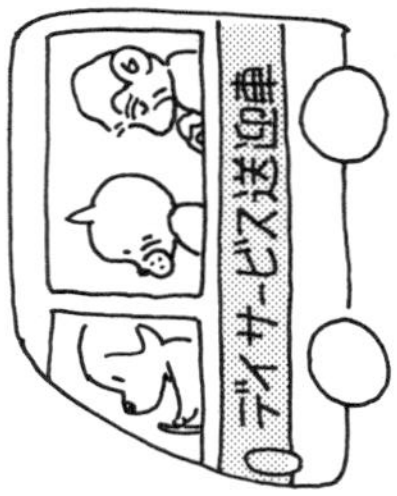

V 施設設備環境　1施設設備

① 施設全体の雰囲気が快適か

○ 各所に絵を飾ったり、本やソファを置いて利用者が快適に過ごせるように配慮している。
◎ イス・テーブル・床などに工夫し、家庭的な雰囲気にするよう努力している。
△ ○の一部は実施している。
× 配慮がない。

② 自助具や車椅子を利用できる配慮

○ 1、廊下に障害物がない。
○ 2、エレベーター・トイレが車椅子で利用できる。ドアの開閉も車椅子で容易にできる。
○ 3、洗面所・食堂・談話室も車椅子で利用できる。
○ 4、施設内の段差がない。
○ 5、スイッチ類も車イス対応。
◎ ○以上に工夫。
△ ○の事項で不便を感じるものがある。
× 施設にそのような配慮がない。

③ 個室や二人部屋がありますか

○ 定員の一〇％程度の個室・二人部屋がある。
◎ 定員の二〇％程度の個室・二人部屋がある。
△ 5％程度かそれ以下であるが、カーテンなどの工夫で個人スペースの確保に努力している。
× まったく配慮がない。

V・1 施設設備

④ くつろげるデイルーム・談話室は

○1、自由に使える談話室やデイルームある。
○2、くつろげるようにソファやイステーブルが用意されている。
○3、テレビ・ビデオ等の備品があり、内や装飾に工夫がある。
◎喫茶室や喫茶コーナーがある。
△デイルームか、談話室はあるが備品・内・装飾に工夫がない。
×デイルームや談話室がない。

⑤ 私物の収納スペースは確保される

○全員に私物の収納スペースを確保。
◎特別な事情の人への収納スペースもある。
△私物の収納スペースはあるが各自の専用ではない。
×私物の収納は設けていない。

⑥ 必要な場合家族は泊まれる？

○専用の部屋ではないが宿泊の用意がある。
◎家族の宿泊専用の部屋がある。
△必要な場合は宿泊可能。
×配慮はない。

V・2 施設内環境衛生

① 施設は清掃が行き届いているか

○1、居室・廊下・トイレ・食堂は1日1回以上モップ等で清掃している。
○2、清掃責任者が決められている。
◎責任者が毎日点検し、専門職員が清掃を入念に行っている。
△居室・廊下・トイレ・食堂は1日1回程度簡単に清掃している。
×清掃が行き届かず汚れが目立つ。

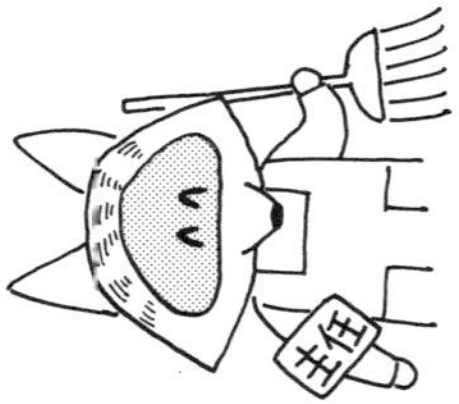

② 施設に異臭はないか

○異臭は感じられない。
◎脱臭装置付き空気清浄機を設置するなど工夫をしている。
△トイレ周辺など、特定の場所は異臭があるが全体としてにおいはない。
×施設の全体に異臭がある。

③ 事故防止の安全配慮は

○1、段差をなくすなど工夫している。
○2、傾斜や階段に滑りにくい材質を使し、手すりをつける。
○3、照明で見やすくするなどの工夫がある。
◎施設全体に安全への配慮がある。
△○のいずれかを実施。
×全く配慮がない。

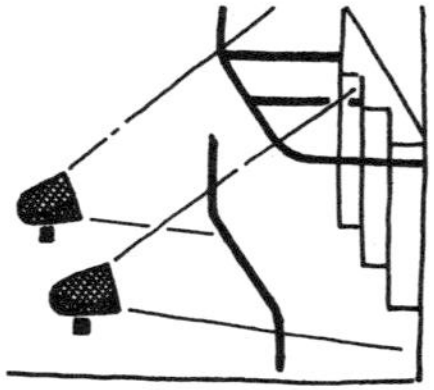

Ⅵ 運営管理・1 職員に対する教育・研修

① 施設の趣旨や運営理念の徹底は

○ 施設の趣旨や運営理念をすべての職員に浸透させ運営に生かしている。

◎ 理念を具体的実現可能な目標に置き換えて実践するなど工夫している。

△ 一部は配慮しているが更に工夫が必要。

× 運営の理念が明確でないか、まったく職員に浸透していない。

② 新任職員の研修プログラムは？

○ 1、施設の趣旨・運営理念や、必要な技術・姿勢・心構えなどを身につける研修を集中的に行っている。

○ 2、研修計画は画一的ではなく、職員の技能・技術に応じた内容で適時再研修が可能な配慮がある。

◎ ○に加えマニュアルの作成や一定の評価基準を設けるなどの工夫がある。

△ ○の一部は実施している。

× 新任職員への研修はない。

③ 職員研修・勉強会の企画は

○ 研修や勉強会が定期的に実施され、関係職員は誰でも参加できる。

◎ 新しい援助の在り方や、専門的技巧などの勉強会や研修を継続的に実施。

△ ○のいずれかを実施。

× ほとんど実施されない。

Ⅵ・1 職員に対する教育・研修

④ 施設外の研修・大会・学会参加は

○1．全職種を対象に外部研修参加の年次計画が立てられている。
○2．計画的に研究発表を行うなど職員に意欲を持たせる配慮がある。
◎ 参加後施設内で研修成果を発表する場があり、施設全体に成果を広げる努力がある。研修参加費を年間予算に計上している。
△ ○のいずれかを実施。
× 特別な配慮はない。

⑤ 職員の専門資格取得の配慮は

○ 研修や勉強会で専門資格の取得を勧め、取得のための学習会を実施している。
◎ 資格取得の啓蒙に力を入れ、資格取得費用の一部を補助する等積極的。
△ ○の一部を実施。
× 専門資格取得のための配慮はない。

Ⅵ・2 記録や調査

① 記録は適切に管理されているか

○1．業務報告、日誌などは施設長にまで報告される。
○2．個人記録は、経過的変化や対応状況が適切に記録され、関係職員の共通認識を形成している。
○3．記入方法、管理方法に統一的な扱いが決められている。
◎ 記録の秘密保持に注意が払われ、個別援助の工場に役立てられるような記録方法にしている。
△ ○のいずれかは実施している。
× 記録が不十分で改善の工夫がない。

Ⅵ・2 記録・調査

② 利用者の意見を反映してる？

○ 利用者の意見や評価をくみ上げるため定期的に調査やアンケートを行っている。
◎ 得られたデータを報告書にまとめ、具体的に施設運営に反映させている。
△ 問題が生じたときのみ実施している。
× 実施していない。

Ⅵ・3 個別援助計画など

① 希望を取り入れた援助計画が

○ 利用者ごとの援助目標・計画は、利用者や必要な場合は家族の意見を聞いて作成する仕組みがある。
◎ ○で作成された目標や計画を利用者や必要な場合は家族に説明して承諾を得ることにしている。
△ ○の一部は実施されている。
× 援助計画の作成に本人や家族の意見は反映されない。

② 利用者援助のための研究は？

○ **1**、利用者援助のための検討会・研究会を定期的に開催。利用者にかかわる問題を検討して問題意識を共通にしている。
○ **2**、検討会の検討内容は尊重され、援助の改善に結びつける。
○ **3**、検討会の内容は記録され、施設長にまで報告される。
◎ ○を実施のうえ、内容に応じて外部の専門家を招いてアドバイスを受ける。
△ 不定期であるが利用者援助の検討会・研究会は開催する。
× そのような検討会は行わない。

Ⅵ・4 事故発生時の対応は？

○「事故」の内容を列挙して、それぞれの対応がマニュアルにされ、定期的に訓練が行われている。

◎利用者の安全に関するチェックリストが作成され、定期的に訓練が行われている。

△消防に関しては法令で決められた範囲の訓練を実施している。

×特別な配慮はない。

Ⅵ・5 保護者会や後援会

①保護者会・後援会は自主的運営？

○**1**、保護者会や後援会の運営は自主的にされ、施設は関与しない。

○**2**、保護者会や後援会の運営に求められれば施設側の助言はあるが、施設が加入を強制しない。

◎**3**、加入の有無で利用者の援助に差はないことを文書で明記している。

△○を一部満たしている。

×**1**、施設側が保護者会や後援会への加入を強制する。

×**2**、施設が管理する利用者の年金などから保護者費や後援会費を差し引いている。

②利用者や家族に寄附の強要は

○利用者や家族からの真に自発的寄附は受け入れるが、氏名や金額は公表せず、他の利用者に影響を与えない配慮する。

◎寄附の要請はしないし、申し出があってもことわる。

△○の一部は実施している。

×利用者、家族、保護者会に寄附を求め、思考能力の乏しい利用者の年金の一部を寄附にあてたりする。

まんがと図解でわかる
介護保険
申請・認定・利用の方法

発行日　2000年４月19日　初版発行
　　　　2000年５月13日　第二版発行
著　者　青木菜知子
画　　　中平　早月
編　集　イマジン自治情報センター
発行人　片岡　幸三
印刷所　倉敷印刷株式会社
発行所　イマジン出版株式会社

〒112-0013　東京都文京区音羽１－５－８
TEL 03-3942-2520　FAX 03-3942-2623

ISBN4-87299-227-X　C3036　¥1200E